中小企業を救う
エマージェント経営戦略

SEVEN ELEMENTS MODEL

セブンエレメンツモデル

経営学博士・中小企業診断士
亀井芳郎
Kamei Yoshiro

ビジネス社

はじめに

「エマージェント」とは

「エマージェント」という言葉には、2つの意味がある。

1つ目は、「緊急」という意味だ。

まさに今は、新型コロナウイルス（以下コロナ）による緊急事態である。

そしてこの緊急事態は、しばらく続く。

ポストコロナ、いわゆるコロナ禍以降に、社会が様変わりする可能性が高いからだ。

コロナが猛威を振るったことで、私たちの生活は大きく変わった。

特に経営者にとっては、今まで経験したことのない厳しい環境、エマージェントの環境になっており、どのように生き延びるかが、差し迫って重要な課題となっている。

経営者がこのような状況を生き抜くための答えが、2つ目の意味の「エマージェント」にある。

「エマージェント・ストラテジー（Emergent Strategy）＝〝創発戦略〟」である。

〝創発戦略〟とは、意図した計画重視の戦略ではなく、〝現場の実行から生まれる戦略〟で、環境適応に優れた柔軟な戦略だ。たとえば、飲食店がデリバリーを始める、小売店がウェブショップを強化する、カバンの製造業者がマスクを製造する……などといった、ポストコロナ経営の答えとなり得るものが、ここにある。

本書は、このエマージェント経営を示していく。

今回、日本の社会風土がコロナに強いことが実証された。人口当たりの感染者数と死亡者数の数値において、日本は圧倒的にコロナ対策に成功している。

2020年10月6日現在では、日本のコロナによる死者は1602人、人口比で100万人中12・7人に当たる。アメリカは100万人中638人、スペインでは687人、ドイツは113人だ。海外に比べて、極めて少ない。

ある海外の報道では、このように報じられている。

「コロナとの闘いで、日本はやってはいけないことを、すべてしてきたように思えた。たとえば、テストは人口の0・85%しか行っていない、社会距離の取り方も中途半端。なによりも国民の大半は政府の対応に批判的だった。

しかし、その死亡率は世界で最低で、医療機関の崩壊も起こさず、感染者の数は減少している。不可思議なことながら、すべてが正しくいっているように思えるのだ」[*1]

これは奇跡的なことだと、驚きを隠せないでいる。さらに、

「日本では、政府から〝強制〟ではなく〝要請〟だったにもかかわらず、政府が〝人の接触を7割から8割減〟をお願いすると、ほとんどそれに近い数字が達成され、ゴールデンウィークの新幹線の乗車率は約5%だった」とある。

記事では、その秘密は計り知れないとしながらも、日本人には他人を思いやる気持ちが強いことや清潔性であることが、背景にあるかもしれないと結んでいる。

つまり、日本がコロナ対策に成功した要因がわからない、ということである。

なぜ、日本は他国に比べて圧倒的に成功したのだろうか。

政府の施策、生活習慣、医療体制、ウイルスの性質など考えられることはあるが、医学的分野においてコロナの分析ができていないため、要因の特定は難しい。

しかし、この成功要因を明らかにする必要があると考える。

筆者は、海外で感染者が急増し始めた頃、日本はどうなるのかと戦々恐々として見守りつつも、「日本は欧米のようにはならず、なんとか持ちこたえる」と予測していた。

その根拠は、日本人の優秀性、[*2]民度の高さである。

民度とは、その国に住む人々の平均的な知的水準、教育水準、文化水準、行動様式などの成熟度の程度を指すといわれるが、[*3]明確な定義はない。そのため不用意に使うと誤解を生むが、ここではあえて使いたい。

筆者は、高い民度に支えられた日本の社会システムが機能することによって、コロナの感染者数、死亡者数を、欧米に比べて低いレベルに抑え込むと予測していた。

過去にも日本は、欧米の植民地政策をかわし明治維新をやり遂げたり、第二次世界大戦から短期間での高度成長を達成、関東大震災、阪神淡路大震災、東日本大震災など、大きな災害時にも混乱を起こすことなく短期間に復興してきた。これらのことからの希望的観測である。

では、日本人の民度とは、どのようなものだろうか？

実は、先ほどの海外の記事に、日本的民度によって築かれた風土の特徴がよく表されている。

つまり、欧米は〝トップダウン〟であることに対して、日本は〝ボトムアップ〟だということとである。

日本は現場主導のボトムアップで進めていくスタイルが根付いている。だから、政府の強制力が弱くとも、自分たちで考えて、行動する力が強い。このことが、コロナ禍で強みとなったと私は考えている。

日本人にとって当たり前のことであるが、欧米人には理解できない。これが国民性や社会風土と呼ばれるものである。

日本的経営が、コロナ禍で生き延びる決め手

経営とは、社会風土に大きく影響を受けるものだ。

そのため、日本的経営は、現場のボトムアップであることが特徴である。現場が中心となり、皆で考えて、実行と検証、試行錯誤を繰り返しながらカイゼンしていくスタイル。いわゆる、集団主義といえる。

これに対して、欧米はトップダウンだ。極論すると、考えるのはトップで、現場はその指示通りに対応することが求められる。トップが考えて、組織という機械を動かすイメージだ。

日本ではトップとボトムの距離が近いが、欧米はトップとボトムの格差が大きい。これは仕事の仕方にも報酬にもいえることで、その大きな格差が社会問題にもなっている。

この日本の集団主義、現場のボトムアップ型経営の原点は、日本の社会システムの成り立ちから発したもので、日本人のＤＮＡである。

ポストコロナの経営では、この優れた日本の経営システムを見直し、まさに原点を再確認することが、生き延びる決め手となってくるだろう。

日本の社会風土を基礎においた日本的経営の成功要因を分析した本がある。

『ジャパン アズ ナンバーワン―アメリカへの教訓』（エズラ・Ｆ・ヴォーゲル著、広中和歌子ほか訳 １９７９年）は、第二次世界大戦の大きなダメージがあるにもかかわらず、高度経済成長を果たした日本企業の要因分析を行い、日本的経営を高く評価した。

エズラ・ヴォーゲル（Vogel,E）は、「日本の奇跡[*4]」として、こう評価している。

「（日本は）１９５２年には生産能力が戦前と同じ程度まで回復したが、それでも、ＧＮＰ（国民総生産）はイギリスやフランスの3分の1だった。それが70年代後半には、イギリスとフランス両国のＧＮＰの合計に等しくなるほどにまで成長して、鉄鋼、造船、自動車、電化製品、時計、カメラなど、あらゆる製品分野で欧米を圧倒した。

それらは〝優れた技術と高い生産性[*5]〟によってもたらされたものであり、工業の生産技術は70年代前半に欧米を追い越している」

この急成長の要因を、日本の高い教育レベル、福祉制度の整備、低い犯罪率など、いわゆる民度の高さだと指摘している。そして、「日本の成功を解明する要因を1つだけあげるとするならば、それは集団としての知識の追求ということになるであろう」[*6]と述べている。

知識の追求に最高の価値をおくことは、日本人の知恵として古くから定着した考えである。本と雑誌と新聞の3つを合わせた購読者数はおそらく世界一で[*7]、江戸時代から庶民の読み物の豊富さが世界有数であったことからも、日本人の向学心の強さがわかる。

この『ジャパン アズ ナンバーワン』は70万部を超えるベストセラーとなり、日本人自身が日本特有の経済・社会制度を再評価するきっかけのひとつとなった。

単に日本人の特性を美化するだけではなく、何を学ぶべきで、何を学ぶべきでないかが明瞭に示唆されていて、最後の章では「アメリカへのレッスン」と書かれている。本が出版された1980年頃のアメリカ企業は多角化戦略に偏り過ぎていて、全く競争力を失った状況だった。しかしこの本がきっかけで、アメリカの経営学の研究者や企業は、日本企業の研究を進めていくこととなる。

そして、組織学習の重要性を説いたピーター・センゲ（Peter M.Senge）が『最強組織の法則—新時代のチームワークとは何か』を1990年に著し、ベストセラーとなった。これが経営学のそれまでのトップダウン分析型戦略論からボトムアップ創発型戦略論への転換点となったといわれている。

「欧米型の組織にあっては、トップの経営戦略を実現するためには、精密な組織構造が必要であり、（中略）トップは、自動力のない精密で巨大な機械、しかも必ずしも円滑には動かない機械を、渾身の力で動かそうとしている巨人のようなものといえるのではなかろうか」[*8]

このようなマシンモデル、つまり官僚的機構化が、米国流経営管理論の基本的な方向性である。一方で日本は、人間的なつながりである家族的な組織運営を目指した。それは日本人の長い歴史の中で培われてきたものである。

これを表しているのが十七条憲法にあると、筆者は考えている。日本人は「和」を大切にする。その「和」は十七条憲法の根幹をなす第一条にある。日本人の国民性が「和」に表されており、その和を軸にした集団主義とそれを支える民度の高さが日本モデルの特徴であるといえる。詳しくは後述する。

「経営風土」という言葉があるが、経営風土とは、一口でいえば企業の置かれた環境である。この環境は、単に経済環境ばかりではない。地理的・文化的・法的など、あらゆる側面を含む[*9]。「現代の経営が、人間の組織、しかもしばしば巨大な組織を動かすことによって営まれるものである以上、この経営の在り方は、その組織を構成する人間達の心理と密接な関係に立つ。そして、それぞれの社会に特有の、いわば、心理特性の差が、その社会における経営のあり方に、顕著なパターンを生み出すこととならざるを得ない。かくして、世界の各国・各地方の経営は、それぞれの文化、社会関係の特殊性を反映した一種の〝土着性〟を身に着けているものと考えられる[*10]」といわれる。

つまり、経営とは人が行うものであり、その人の行動、考察は、それぞれの国や社会で大きな違いがある。その社会の制度や慣習が歴史的生成の産物であり、その生成過程を理解することが、その経営風土の理解につながる。

そのため、安易に海外の方法を取り入れると、危険である。

日本には独自の風土があり、その風土に適応した経営がなされてきたのであり、風土の異なる欧米の理論や方法論をそのまま採り入れようとしても、そこには無理が生じる。

経営学が科学であるという意味で、この風土である土着性と一般性を明らかにしていく必要がある[*11]。今回のコロナ対策においても、欧米のやっていることが進んでおり、優秀で、日本のやり方は古くて劣っているという批判的な意見が多く見られたが、これは、明治時代の欧米列強に対する後進国意識、第二次世界大戦後の自虐史観がいまだに続いているもので、全く皮相的な見方だろう。

経営学における研究でも、日本ではアメリカの理論や方法論を紹介するものが多く、現在でも戦略論のフレームワークは１９８０年代までのフレームワークの説明ばかりだ。これらのフレームワークは、企業のトップがデータを分析して作成する、分析重視型トップダウンであり、かつ多角化した大企業向けのものが多い。

はっきりといって、日本的経営には合わない。

今、まさに求められているのは、日本的経営のエマージェント型ボトムアップに適したフレームワークだ。特に中小企業には、その必要性がある。

低い生産性がポストコロナには武器になる!?

欧米の経営手法や大企業の考え方を、安易に中小企業が取り入れることは危険だ。

これまで、欧米型経営として取り入れたものに、財務基準の「ROE＝自己資本利益率」がある。これは自己資本に対して、どれだけ利益が生み出されたかを示すものだ。アメリカではROEが非常に重要視され、経営者はこの指標を上げることを求められる。上げるためには、利益を上げる、資本金を少なくする、借入を増やす方法がある。つまり資本金を減らしたり、借入を増やすことで経営者の評価が上がるといえる。

この指標は日本でも重要視されるようになったが、元来日本的経営からすれば疑問符が付く方法だろう。日本は長期視点の経営なので、借入を増やすよりは自己資本を蓄積することを重視する。これは環境変化に備えるためである。

だが、米国流の経営からすれば、それは無駄なキャッシュのため、自己資本を減らすことを求められる。

しかし、コロナで、どうなっただろうか？

やはり、長期視点で生き残りを考えれば、日本的経営のほうに優位性がある。つまり、どちらが正解ではなく、何事にも両面があるので、欧米や大企業の手法を鵜呑みにすることは避けたほうがよいということだ。

いま、日本は先進諸国の中で生産性が低いといわれている。これは数値の出し方の問題もあり、額面通り受け入れることはないと私は考えている。しかし、日本的経営の特徴が出ているといえなくもない。

日本的経営は終身雇用で、景気が悪くとも欧米のように従業員をすぐに解雇できないので、余分な従業員を抱えている。また、ゼネラリスト（保有している知識や技術、スキルが広範囲にわたる人）も多い。つまり、必要最小限のスペシャリストで成り立っている欧米の機械的な組織に対して、何でもできるゼネラリストで構成されたのが、日本の有機的な組織である。

エズラ・ヴォーゲル（Vogel,E）も『ジャパン アズ ナンバーワン』で以下のように述べている。

「急激な変化を吸収し、多くの人間に存在価値を与えられる仕組みとして、日本の企業ほど優れた組織は西欧にはみられない。日本の多くはゼネラリストであり、企業に入ってから広い知識を得ようとする意欲がある。一方、スペシャリストとして採用されるアメリカの社員は専門外の知識にあまり興味を示さない。

日本の社員は、ずっと同じ企業にとどまって、そこで教育を受けられることを知っているので、新しい技術の導入に反対したり、技術革新のため自分が時代遅れになるのではないかと悩んだりしない。それとは反対に、今日のアメリカの業界では、社員が専門以外の仕事をするのを嫌ったりする[*12]」

欧米型の経営は〝変化のない環境〟では、強く、生産性も高い。一方で日本的経営は無駄があり生産性が低いといえる。

しかし、〝環境変化がある〟と、欧米型は対応力が弱く、日本型のほうが適応力があるといえるだろう。

ポストコロナに生き残る条件

実際に、日本には長寿企業が多い。これは、環境変化に強いことが、大きな要因だろう。

日経ＢＰコンサルティング周年事業ラボでは、世界の企業の創業年数が１００年以上、２００年以上の企業数を、国別に調査した。日本は共に企業数で世界1位だった。

世界の創業１００年以上の企業のうち、半数近くが日本の企業という結果だ。さらに創業

200年以上の企業の比率は、65％まで上がる。長寿という条件では、日本企業はダントツで世界一である。

経営とは環境変化に対応して生き残ることである。ゴーイングコンサーン、つまり企業は継続的に維持し発展するという前提に成り立っており、最も重要な要素である。

コロナ対策でも、長寿企業でも、明らかに日本は欧米に対して群を抜いている。この要因は、日本の社会風土を基礎にした日本的経営、「高い民度に支えられた、厳しい環境に適応できる柔軟な組織と戦略」である。

本書では、第1章で、その「エマージェント経営」、いわゆる日本的経営のモデルがつくられてきた成り立ちを考察する。

第2章では「エマージェント経営の戦略論」として、その理論的背景と、中小企業の生き残りの条件を考察。

そして第3章では、エマージェント経営の軸となる新たな「戦略フレームワーク」である〝セブンエレメンツモデル〟を提案し、第4章と第5章では、エマージェント経営の実践法である「エマージェントプロジェクト」を実施するための、具体的な方法論を示していく。

第1章 エマージェント経営のモデル「日本的経営」の組織論

第2章 過去の戦略から学び、生かすエマージェント戦略論

第3章 エマージェント経営の戦略フレームワーク「セブンエレメンツモデル」

第4章

エマージェントプロジェクトを始める前の「場」づくり
——セブンエレメンツモデルの実践法①

第5章 エマージェントプロジェクトの手順
――セブンエレメンツモデルの実践法②

第1章

「日本的経営」の組織論
エマージェント経営のモデル

日本的経営の原点

中小企業に有効な戦略フレームワークがない

筆者は中小企業の経営者をしていた。その時は、社長経験もなく、また経営に関する学習をしたこともなく、非常に苦労した。

経営者になる前は、アパレルの輸入専門商社でブランド開発・育成を担当していた。そのノウハウを買われ、小売業である株式会社オンリーに新業態開発の責任者としてヘッドハントされ、紳士服のツープライスストアの先駆けとなったスーパースーツストアを開発運営し、その後、2代目社長として経営を任されたのだ。

1つの業態を立ち上げて、多店舗化し、創業社長から2代目社長を引き継ぎ、上場を実現した。社長を退任するまでの約10年は大変濃い経験をした。その経験を誇りに思っている。

しかし振り返れば、苦労と失敗の連続であった。社長になって、社長の仕事が何かわからなかった。それまでに事業部長や役員、副社長の経験があったため、「経営とはおおよそこんなものだろう」と理解しているつもりであった。しかし事業部長や副社長と社長は全く次元が違うものだと、社長になってからわかった。そして、業績不振で眠れない日が続いた。一番苦しかったのが2代目社長という立場である。厳しい創業者が納得いくような経営は並大抵ではなく、すごいプレッシャーの毎日であった。血縁ではないので、少しは冷静に考えることができたのが救いだったと思う。

また、そんな悩みを相談できるコンサルタント、顧問という立場の人間が身近にいなかったことも苦しかった要因である。社長になってから上場に至るまでに、いわゆるコンサルタントと接点がなかったわけではないが、それらの人たちは現場経験がなく、「教科書に書いてある」ようなことを言うだけで、自分が悩んでいることの解決には程遠いものであった。

そして、自分で経営の勉強をすれば、もっと簡単に戦略の答えが出たり、組織をリードしていけるのではないかという思いを持つに至った。

何とか目標とする上場を実現し、その後、コンサルタントとして独立する傍らで、中小企業診断士、経営管理修士（MBA）を取得した。つまり、経営に関する勉強をしたのだ。

しかし、**自身の経営者としての視点で見たときに、勉強した経営に関する理論が、道具としての有効性に欠けていると感じた。**

社長時代に思っていた、もっと経営の勉強をすれば経営がうまく運ぶだろうという考えが間違っていたことに気づいたのである。特に戦略論、戦略フレームワークについて、「確かにそれぞれのフレームワークを使って、なんとなく分析はできるが、それが中小企業にとって有効な戦略立案につながらないのでは？」という感覚が強かった。

結局、コンサルタントとして中小企業に関わるなかで、既存の経営学、フレームワークのなかに、そのまま使えるものがない。また、コンサルタントや顧問として中小企業を支援する方法論が確立されていないという考えに至った。

経営に関して先行する研究成果があるにもかかわらず、なぜそのようなことになっているのか。

これは、筆者に根深くある、問題意識だ。

特に、**中小企業の戦略分析・立案に適した、戦略フレームワークが見当たらない**のだ。

そもそも世間では、普通の企業が大企業で、中小企業は特殊な企業であるという認識がないだろうか。

実際は、日本の会社の99・7％は中小企業で、さらに75％は小規模企業である。つまり普通の会社が中小企業で、大企業が特殊な会社である。

しかし、新聞報道されるのは、ほとんど大企業の記事だ。働き方改革、兼業副業、テレワークなど、労務についての記事も大企業を軸にしたものばかりで、中小企業にとっては別世界の話である。

大企業と中小企業は同じ株式会社でも全く別物だ。そして特殊な大企業の方法論を中小企業に適用しようとするのは、ばかげた話である。

ポストコロナの企業経営について意見が出てきだしたところであるが、これも大企業目線がほとんどである。中小企業の目線で考えていることが、ほとんどないのだ。

この問題意識に対して、筆者は博士論文を書くことで答えを見つけようとした。

戦略とはなにか、戦略立案の方法、経営の理論と実践の関係、経営コンサルタントが役に立たない理由など、自身の疑問に答えを見つける旅に出たのである。

そして、その答えは、**「アメリカ発の戦略論が日本に向いていない」「特に中小企業には使えない」**ということに至った。

経営風土とは、その社会風土や土着性がある。

日本の経営には日本の風土に適した戦略が必要だ。この章では、日本的経営の特徴、そしてそれがどのように築かれてきたかについて、考察していきたい。

江戸時代の企業経営

日本的経営の原点は、江戸時代にさかのぼる。

この時代の商家は規模が小さく、明治時代の殖産興業《しょくさんこうぎょう》（先進資本主義諸国の外圧に対抗するため、近代産業技術を移植して資本主義的生産方法を保護育成しようとした政策）や、産業革命によって、規模が大きくなり、形が変化してきた。

その意味では、江戸時代の商家が中小企業経営の原点といえるのではないだろうか。

日本の経営の源流である江戸時代の商家について、社会学者である間宏《はざまひろし》は、次のように述べている。

近代経営の前提、すなわち封建時代の商業経営は〝家業〟として営まれていた。家業は、日本の古来からの「家」の観念によって裏付けられている。

家は1つの制度体であり、系譜的連続性を中心にした存続と発展が、基本原理となっていた。それゆえ、家とその構成員との関係では、家が常に優位に立っていた。そして、構成員は、互いに家の繁栄のために助けあい、そのことによって、自らの生活保障もはかられるという、徹底した集団主義が原理となっていたのだ。[*1]

すなわち、**商家の原点は「家」**だということである。

商家では、「商売繁盛、子孫繁栄」がモットーとして表現されている。そして、この世代的に受け継がれていく家業のシンボルが「のれん」だった。のれんは、商家の伝統と信用の象徴である。

こうした「系譜的連続性を尊ぶ意識」は、経営形態が家業から株式会社に代わり、呉服屋がデパートに、薬種商が製薬会社に、両替商が銀行になった後も生き続けてきた。このような家業経営のなかに貫かれている伝統主義は、明治以降の近代企業のなかでも有力な支柱の役割を果たしてきたといえる。[*2]

ここに1つ、日本的経営の大きな特徴が表れている。それは**「長期視点」**である。ゴーイングコンサーン、つまり企業は継続的に維持し発展するという前提に成り立っており、これは最も重要な要素である。世界のなかでも長寿企業がダントツに日本に多い要因がここにある。

また、家は、いわゆる家族とは異なり、家業を中心とした経営体である。したがって、家業経営の規模によって、それの運営に必要な人間を、家の成員として包括していく。そのなかには、家長の直系・傍系の親族だけではなく、非親族の住込奉公人もふくまれていた。特に大規模な商家になると、住込奉公人だけで10人を超えることもあった。

これら奉公人は、単なる使用人としてではなく、家の成員として、家長とのオヤ・コ関係の下におき、実の親子に準じた待遇を与えたところに、わが国の家業経営の特徴があった。いわゆる**「家族主義」**である。そして、それがあったからこそ、奉公人は主家の繁栄を願う、高い帰属意識に裏付けられた献身的奉公が期待できたのである。[*3]

つまり、商家の経営は、家の人間関係に準じた上下関係を制度として確立しており、幼い丁稚《でっち》が奉公し、その丁稚がのれん分けするまで関係性が持続する、**「終身雇用制」**の原型がみてとれるのだ。

大規模な商家経営の内部組織と、その運営についてみていくと、そこにはいわゆる丁稚制度があり、丁稚─手代《てだい》─番頭《ばんとう》という身分階級制がみいだされる。

給与条件については、丁稚時代である12歳から始まる「子供」の6年と、「加役《かやく》」の3年は衣食住の生活は保障されるが、給料はなく、仕着せと祝儀金が支給されるだけだった。手代の地位になって、一応年給が支給されるようになり、見回り品はいっさい自分持ちとなっても、住込である限り職住は与えられた。給与も年給制で、それも一時に与えられたわけでなく、主人が預かっていて必要なだけ主人の判断で渡された。そして、年間に使用した金額の残りは、主人が利子をつけて、別家の時まで預かった。[*4]

このようにみると、身分制、終身雇用制、生活給、預金制度の存在から、日本的経営における、経営家族主義の原型というべきものがみいだされたと考えられる。また、江戸時代の奉公人雇用制度については、次のような体制だったそうだ。

「奉公人と呼ばれた江戸時代の商家従業員は、通常10年間の年季契約で雇用されることが多く、一般的に丁稚―手代―番頭（支配人）という3つの年功的階層で昇進した。なかには別家として独立を許され、主家から資金、所帯道具、のれんなどを与えられるものもあった。丁稚は、10歳前後で雇用されたが、親類、縁者、別家の指定あるいはその推薦で入った丁稚は〝譜代、子飼い〟と呼ばれ、将来の重役候補として訓練を受けた」[*5]

日本の商家経営は早くから丁稚制の枠内で養成された子飼いの経営者候補という中核と、中年者や支店限りで雇人といった周辺構造を備えていた。その後、終身雇用制の範囲は次第に拡大され、有力企業の一般職員層をはじめ、職人的思考の伝統を引く技術者をも包括するようになった。[*6]

明治時代になって規模が大きくなるに従い、ほとんどの従業員が中核人材として終身雇用の対象となるが、江戸時代には丁稚から経営者候補になる中核人材と中年者と呼ばれる外部人材に分けられていたことは、注目に値する。

以上、「家」「長期視点」「家族主義」「終身雇用・年功序列」「中核人事と外部人材」が江戸時代の商家のエッセンスである。

商家経営は、経営精神というべき特徴をあげれば、家業観念あるいは家のイデオロギーと合理主義であったといわれる。[*7]それは「商売繁盛、子孫繁栄」をモットーとして、祖先から受け継いだ家産を増殖して子孫に受け継いでいくための「才覚」「算用」「始末」をして、資本蓄積に励んだのである。

明治以降の企業経営――大企業を支えた家族主義的な親方制

明治をむかえると、江戸時代の鎖国から解放され、欧米の文物が洪水のように日本に押し寄せてきた。政府も欧米に追い付くために、富国強兵《ふこくきょうへい》に邁進する。経営においては、ここから、日本的経営に欧米的経営を取り入れていく歴史が始まるのである。

江戸時代の商家経営が、商業・金融業に発展する一方で、工業は官営の殖産興業によって発展する。殖産興業と官業払下げについては、次のようにいわれている。

明治政府は、列強諸国からの独立を維持するために、さまざまな政策を打ち出したが、なかでも「殖産興業」政策は重要であった。当時民間企業が未成熟であったため、政府は、幕末に幕府・諸藩が創出した機械制西洋式工業や鉱山を官収するとともに、自ら模範工場を創設して官営工業を発足させ、急速な近代産業の育成を企図した。これを「殖産興業」政策という。*8

この殖産興業が、大企業の始まりである。

明治以降の企業経営について、明治維新から明治20年頃までにおける鉱工業は、技術導入期である。しかし、ここでいう技術導入とは、「厳密にいえば、主として生産技術のそれであって、利益追求を目的とした、資本主義的経営管理技術の導入期というには適当でない」[*9]という。経営組織や労務管理のような経営基本方針に直結する管理技術が先進資本主義国から導入されたのではなかった。むしろ、その点については、封建社会の商家経営の再編という面のほうが重要[*10]だった。

つまり、技術は欧米から輸入したが、経営管理技術は江戸時代のものを流用して経営を行っていたのである。

いずれにしても、この時期に、民間の資本主義経営は、商品貨幣経済の普及、貿易の拡大を背景に、金融、商業、貿易を通じて、その基礎を固めていった。

しかし、生産技術の導入が一段落すると、政府は官営企業を民間に払い下げるようになった。経営技術がない官営企業は、ほとんど例外なく赤字であった。赤字の原因は、官営企業の経営者は武士出身の者だったため、幕藩の官僚的な組織となっていたことがあげられる[*11]。払下げられて民間経営になった後は、官営時代の赤字経営を黒字経営に転換しなければならなかった。

これが、官営から民営へ、言い換えれば、資本の論理の徹底のもたらした基本的要請[*12]である。そして、そこでとられた方法は、問屋制的支配形態[*13]だった。

これは、生産工程をできる限り分割して、これを下請にして、生産工程での危険負担を下請におわせる。そして資金並びに販売面での統制のみを行うというものだ。いわゆる、「親方制」が発達したのである。

親方制とは、職人を束ねる親方がおり、元請企業から仕事を請け負い、元請の仕事場で配下の職人に仕事をさせる方式である。親方は、自分の家に見習い工を住まわせ、衣食住を支給しながら養成した。[*14]これは商家と同じ家族主義が基本にあり、この時代の大企業は、形は大企業であるが、中身は親方制という家族主義の中小組織に支えられていたといえる。また外部人材を活用するという商家のノウハウも生かされていると考える。

大正から昭和の企業経営

明治を過ぎ、大正から昭和にかけては、日露戦争で飛躍的発展をとげた日本資本主義が、第一次世界大戦を経て、ついに世界の一等国への地位まで到達した時期[*15]だった。
そして、世界恐慌、昭和の金融恐慌を経て、日本資本主義は、内部では独占化を進め、外部に対して海外植民地化に力を注いだ。再編成では、重化学工業部門の発達が目立つが、全般的にみれば、財閥独占企業がその支配的地位を確立している。[*16]
経営の内部条件の変化に目を向けると、大きく2つの変化があった。
1つ目は、重工業や鉱業において請負制が崩れ、直傭《ちょくよう》制が普及した。直傭化がすすんだ主な理由は、機械化の徹底である。第二次産業革命期といわれるこの時代には、機械化の徹底がすすみ、旧手工業的熟練が崩壊して新たに機械的熟練が成立していく過程で、請負制度は消滅の道をたどったのである。したがって請負制の崩壊は、機械化の徹底の速度に比例したといえ、重工業→金属鉱業→炭坑→建設業といった順が考えられる。

2つ目は、経営組織の巨大化・機械化・直傭化の進行の過程から、「ホワイトカラー」問題が生じた。[*17] ホワイトカラーとは、「白地のワイシャツにネクタイ、スーツを着て仕事をする人々」という語源から、頭脳労働を担う総合職として働く人々、または事務職として働く人々のことを指している。

それ以前もホワイトカラーである経営補助者もいたが、数は少なく、また、大部分は永年勤続するうちに資本家、経営者に上昇しうる可能性が大きかった。つまり彼らは丁稚制度の一過程にある人々である。

ところが、この時代に経営の変化から生じた大企業の経営補助者――管理・監督者――は、その数が多く、大部分は一生かかっても経営者になれなかった。こうして、当時「サラリーマン」とか「月給取り」と呼ばれ、映画や小説の題材にされた、新しい労働者が浮かびあがってきたのだ。[*18]

このような現象について、イギリスでは日本同様、産業革命によって農村から工業労働者が生まれたが、アメリカではそれが移民によって形成されたという違いがある。[19] 日本においては、明治維新後の殖産興業の育成に伴う形で、これらの層ができあがったのである。

このように企業が大きくなり従業員が増えてくると、経営者と従業員の間に壁ができてくる。壁の原因は、第1に欧米からイデオロギーとしての社会主義思想が入ってきたこと、第2にそれまで地域での縁故募集から広域の募集となったことがあげられる。[20]

日本的経営の特徴

経営家族主義

企業の内外の激しい変革の中で、第二次世界大戦前の日本的経営の代表的なタイプである経営家族主義は形成されていった。

それは、日本の独占企業が、組織の巨大化、あるいは機械化・直傭化の進展に伴う組織統合の要請、労働運動といった難問に対する回答だった。[21]

また、戦前の労務管理発達史をふりかえると、節目節目で労働運動への対抗という動機が強く働いていたことがわかる。こうした経営者の努力を正当化し、その実践を一定の方向に水路づけたのが、いわゆる経営家族主義のイデオロギーである。[22] これは、日本社会の基盤をなしていた「家」の観念を拡張解釈し、家の擬制としての経営管理制度をつくり上げた。[*23]そこでは、資本家・経営者と従業員の関係を親子になぞらえ、両者の利害は決して対立するものではなく、一致するものだと主張されている（労使一体論）。そして、このような情誼《じょうぎ》によって結ばれた家族的労使関係は、欧米のように金銭によって結ばれた契約的労使関係とは異なり、世界に誇るべき日本の伝統的美風（家族主義イデオロギー）であるといわれた。[*24]

このような家族主義は経営方針にも貫かれており、家における長幼序列のように、企業でも経営社会秩序として年功が重視されている（年功制）。また雇用関係も親子と同様に「一生の縁」と考えられている（終身雇用）。

経済的給付にしても、実質的には年齢と性別に応じて、賃金額の多少が決まっている。いいかえれば家族内の地位に応じているのだ（家族制度的生活給）。[*25]賃金は低く貯蓄は困難であり、その都度必要に応じて、結婚祝金、出産祝金、退職手当などの形で支給される。これらは従業員に対する「温情的生活保障政策」といえる。このような施策は、当時、社会保障がない不安定な立場の労働者にとって、帰属意識を高めるのに役立っただろう。

こうした方針をうちだした企業は、鐘紡《かねぼう》、王子製紙、国鉄などだったが、これらの企業は早くから買収・合併によって独占化し、組織統合の必要性に迫られていたところであった。しかもその経営指導者は、武藤山治《むとうさんじ》、藤原銀次郎《ふじわらぎんじろう》、後藤新平《ごとうしんぺい》といった、維新後半派に属し、欧米の事情にも明るい、新しいタイプの経営者であった。それゆえ、経営家族主義は当時においては、スマートな経営者のつくったスマートな経営施策であったといえる。[*26]

つまり、欧米から労使が敵対する社会主義や人を機械的に動かす科学的管理法が入ってきたにもかかわらず、それよりも、家族的な、いわば人間的な経営システムが形成されたのである。組織とシステムの合理性に頼る欧米型組織として、[*27]トップの経営戦略を実現するためには、そのための精密な組織構造が必要であり、それを構成し動かすための負担は、大部分トップの肩にのしかかってくる。つまり、欧米の大組織におけるトップは、自動力のない精密で巨大な機械、しかも必ずしも円滑には動かない機械を、渾身の力で動かそうとしている巨人のようなものといえるのではなかろうか。

日本企業の特徴の1つとして、職務権限が不明確なことがあげられる。職務は経営組織における客観的に定められた仕事の範囲をさし、それは没人間的な性格を持っている。日本の企業でも、一応職務は決まっているが、その内容は曖昧なことが多い。能力があって、一生懸命する人のところに、仕事が持ち込まれる。このように、人が職務に優先する傾向があるのは、日本の経営の特色である。欧米のビューロクラシーの原則である没人間化とちがい、人間的な扱いがなされていることを意味している。[*28]

日本では、経営組織を運営していく実質的な単位は、個々人の職務ではなく、職場である。たとえば、組織図を書く場合、アメリカでは権限構造を示すのに対して、日本では分掌構造で表すのが普通である。このように、組織単位のおき方が違うのは行動様式の違いに起因している。つまり個人主義の徹底している欧米では、個人の持分を明確にしているが、集団主義の日本では、個人の持分を明確にすると仕事がやりにくく、お互い助け合って、仕事を遂行することが望ましいとされる。

さらに、職場に組織単位があるということは、雇用のあり方、養成制度と終身雇用制にかかっている。すなわち、日本では、欧米の経営原則のように、ある職位に人を位置づけるにあたって、その職務を遂行する能力をすでに備えた人間を選抜するのではない。誠実な人格、思想穏健な人物を見込んで雇い入れ、その後企業内で養成する。

また、労働能力をある程度失っても、定年まで終身雇用でかかえこんでおく。そうなると、職場の構成は、能力的に雑多なものになる。これら雑多な人間が、お互い助け合い、かばい合って、組織から与えられた職掌を集団的に遂行している。そこでは、「おたがいさま」「おかげさま」という言葉は、必ずしも儀礼的な挨拶の言葉ではない。[*29]

そのため評価では第1に、長い間、企業のために真面目によく働いたことを評価しようとする態度である。そこでは、企業への貢献度を、職務の遂行状態あるいは業績や能力ではなく、その社会的態度―誠実さ、努力―で評価しようとする考え方である。人柄が重視され、「あの男は仕事は良くするが、態度が悪い」という評価の仕方も出てくるのである。

第2は、長期的な視点で評価する。年功制を優遇するのはこのためで、ある時点でその能力や業績を評価するのではなく、その時点までにどれだけ貢献したかという、努力をみとめようとする。あるいは、雇用の際に能力的には問題があっても、真面目であればとりあえず雇い入れて、あとは本人の努力に期待する。終身雇用のもつ意味もこれに関連させて理解できる。[*30]

日本の経営組織の実質的単位が、個人ではなく、職場集団だということから、職場集団のもつ機能は、特に重要である。

職場家族主義が発生して以来、職場の人間関係において最も大事なこととして、一貫して「人の和」が強調されている。[*31] 前述のように雑多な人間で構成されている職場では、職場の分掌業務を円滑に行うためには「人の和」がなくてはならないのである。

「人の和」には、職場の長の役割は大きく、期待されるのは、仕事の能力や知識よりも、人間関係の調整役としての能力である。これは、経験と人柄によるといってよい。職場の長としては、知識より経験が重要だ、という点から見れば、年功によって監督者の地位につくという傾向も、あながち非合理的だとはいえない。[*32]

日本の企業は組織と人間の問題に対して、日本人の行動様式からでてくる自然発生的なものであり、それを巧みに利用した意図的なものである。その中核をなすものとしてあるのが、集団主義と人間主義の観念だという。[*33] これは、その評価が人間性という曖昧な言葉に重要性がおかれる。

欧米の組織感との違い

一方で、欧米では、組織をめぐる人間問題は「技術的優位性」にある。そして「技術的優位性」の根拠は、組織成員相互の人間関係を客観的なものとして没人間的なものにおきかえる。組織のなかの個人の職務とは、そのような没人間的な性質をもっている。

個人主義と、没人間化を前提につくりだされた西欧のビューロクラシーのもとでは、次のような問題が発生する。

1つは、全体として巨大な組織。そしてもう1つは、その単位である個人の問題、すなわち、巨大な組織の下での人間の無力感である。この2つは人間の没人間的扱い、人間の道具視（あるいは機械の部品としてあつかうこと）に対する反感である。これらは一括して組織からの疎外とよばれている。[*34]

これは、組織を人間性を無視した機械のように動かすことを目指したことからきている。

そのため、欧米の職場では、たとえ同僚でも、相手の仕事が遅れているからといって、それを手伝うことは、ほとんどない。そればかりか、同僚の仕事が遅いことで自分が迷惑する場合、経営者に対して、その人間の入れ替えを要求する。

ところが、日本の大企業では、一応個人の職務はあっても、業務上の実質的な単位は、職場集団にあるため、同僚の仕事遅れで迷惑を感じる場合ですら、陰でいろいろな不平はいっても、表面上は、特に他の職場との関係では、何とか相手をかばおうとする。「和気あいあい」とした雰囲気、これが日本の職場の理想形態であろう。[*35] いわゆる家族的な人間関係をその目標としている。このような職場の人間的な関係は、欧米でも全くないわけではないが、それは、あくまでもインフォーマルな関係として扱われている。

組織が真に生き生きとした活力を保つには、人間革命を必要とする。そして人間革命の中心的課題は、いかにして生き生きとした創造的人間を、組織化のなかにおいて得るかである。[*36]

欧米流の組織感では、「組織化か人間か」という形でしか見ず、その中間の小集団の重要性は無視されがちである。これは、組織とか社会的権威と抗争する個人ということが主題の西欧の近代思想の流れ、集団と個人とを峻別し、この区分を絶対視する固定観念がある。

一方、日本社会では、家族とか近隣、友人関係、親分子分、先輩後輩といった小集団関係が重きをなしてきた。

エマージェント経営の原点――十七条憲法

このように、日本の経営風土の特徴は、人間重視、集団重視であり、それは日本人の長い歴史の中で培われてきた。

私は、これらのことを表しているのが、十七条憲法にあるのではないかと考えている。日本人は、「和」を大切にする。その「和」は十七条憲法の根幹をなす第一条にある。

一条　和をもって貴しと為し、さからう事なきをむねとせよ
二条　篤く三法を敬え。三法とは仏、法、僧なり
三条　詔《みことのり》をうけたまわれば、必ず謹め
四条　群卿百寮《まえつきみたちつかさつかさ》、礼を以って本とせよ
五条　むさぼりを断ち、欲を棄て、明らかに訴訟をさだめよ
六条　悪を懲し、善を勧るは古の良き則なり
七条　人各々任あり。掌ることとみだれざるべし
八条　群卿百寮、早くまいり、遅くさがれよ
九条　信は、これ義のもとなり

十条　いかりを断ち、いかりを棄て、人のたがうことをいからざれ
十一条　功かを明らかに見て、賞罰をかならずあてよ
十二条　国司、国造、百姓におさめることなかれ
十三条　諸々の官に任せるもの、同じくは職掌を知れ
十四条　群臣百寮、嫉妬あることなかれ
十五条　私に背きて公に向かうは、これ臣の道なり
十六条　民を使うには時を以ってするは、古の良き則なり
十七条　夫れ事を独り断ずべからず。必ず衆とともに論ずべし

この十七条憲法を要約すると、以下のことが示されている。

・日本人が古より受け継いでる「和」の重要性
・謙虚・質素・礼儀
・私利私欲の排除・公明正大
・人としての正しい道
・勤勉・勤労の大切さ

・信用の大切さ
・私より公を優先する
・独断専行の排除

他国に比べて、日本には長寿企業が多く存在する。帝国データバンクの登録企業約125万社のうち、創業または創立100年以上の企業は、なんと約2万社ある。[*37]

このような老舗企業には家訓（家憲・家則・遺訓・口伝など）と呼ばれるものがある。前述した封建時代の商業経営から受け継がれる経営理念といえるが、有力な豪商たちが、勤倹（よく働いて、倹約すること）を旨とし、信用を尊び、家業や家事取締の具体的な心得を示した家訓をのこしている。商家の家訓は、その表題、形式、内容、成立の事情はさまざまだが、江戸時代の享保年間に最も多く作成され、家業の存続のための知恵が示されている。

特に、十七条憲法に示されていることは、その後封建時代の家訓から現在の経営理念に受け継がれ、根幹をなしているともいえるのではなかろうか。

実際に、帝国データバンクが2008年に行った「老舗に関するアンケート」[*38]によると、社風を漢字で表すと「和」をあげた企業が158社あり、圧倒的な数を占めた。次いで、「信」「誠」の順となる。「和」の意味は、①「仲よくすること」「互いに相手を大切にして、協力し合う関係にあること」、②「仲直りすること」「争いをやめること」、③「調和のとれていること」である。

倭国の由来

そもそも日本という国は6世紀頃、「倭国《わこく》」と呼ばれていた。

これは大陸（現在の中国）が名付けたもので、「人に頭を下げてばかりで、すべて他人に従っている」。……つまり「人」に「委」ねてばかりいるという意味からきており、いわば蔑称《べっしょう》である。

しかし、奈良時代の中期頃からは、「和」の文字が共に用いられるようになった。この「和」の字の由来は、「禾」の部分が軍門に立てる標識を意味し、「口」の部分が誓いの書簡を入れる箱を指す。つまり、敵対する者同士を和解させる意味を持っているのである。「和」という文字に改めることで、日本という国は「人に委ねている」わけではなく「敵対することを避け、共に仲良くしていこうじゃないか」ということを暗示している。以後、日本を指す漢字として「和」という文字が主流となっていった。

人間の性質は変わりにくい。

日本人は1500年以上前から、今と同じような行動をしていた。

今でも外国相手に交渉する場面で、外国人は一人に対して、日本人は複数である。交渉に入ってても日本人は結論を決めずに持ち帰ってから返事をする。このスタイルが正しいとか間違っているとかではなく、これが日本モデルだということを認識すべきである。

これを見て、もっとリーダーシップの強い人間を育てるべきであるとか、意思決定の速い組織にすべきであるという見方は、皮相的である。複数で交渉したり、意思決定が遅いことは、一人の意見に左右されることがなく、またリスクの面からみても、より安全であるといえる。

『ジャパン アズ ナンバーワン』を著したエズラ・ヴォーゲルによると、「日本人は意見の相違は敵対関係とか、論争によって解決されるべきではなく、より多くの情報を集めることによって自然に落ち着くべきところに落ち着くのだ」としている。

2つの見解があるときに、すぐに一方を切り捨てる決定をするのではなく、組織全体の目的にかなうことを第一義として、情報を集め、分裂を最小限にして、落ち着きどころを探す。

1500年も前から日本人は、このような方法で組織運営をしてきたのである。

このような日本モデルは、リスクに強い。

これが厳しい環境変化に対応できる要因となっているのではないだろうか。

ジャパン・アズ・ナンバーワンの原動力

日本的経営風土に適応したデミングの品質管理

江戸時代の商家を基礎にした家族主義が基礎となり、日本的経営モデルができあがってきた。その後、商家から企業規模が大きくなり、経営者と労働者の関係、労働者の効率的な使い方について、社会主義というイデオロギーや科学的管理法という理論が欧米から入ってきた。日本の企業は、これらをそのまま導入するのではなく、日本の社会風土に合う形で部分的に導入した。日本の社会風土とは集団主義、人間主義である。

次に、第二次世界大戦後の日本的経営についてみていく。

「品質管理の神様」と呼ばれ、戦後日本の一時期の復興に最もかかわりを持つアメリカ人がいる。W・エドワーズ・デミング(Deming,W.)だ。

彼の説いた品質管理は、戦争直後、粗悪品で悪名高かった日本製品を一変させることに役立った。

彼のいう品質管理は、単なる品質管理論ではなく、深遠な組織論への入り口であった。その組織論は、パワフルで、普遍的なものだった。製造業だけでなく、この組織論を導入したあらゆる組織は大変な繁栄と競争力がもたらされた。明治以来、技術的なことを除いて、欧米のイデオロギー理論をこれほど全面的に受け入れたことは初めてだっただろう。

アンドレア・ガボール（Gabor.A）によると、デミングの教えから、ＱＣが生まれた。

ＱＣとはQuality Control（品質管理）の略で、入社したばかりの新人や上席者までを含めた小さなグループをつくり、各々が「品質管理」や「品質改善」を目的に話し合い、どのようにカイゼンしていくかを、ＰＤＣＡを回しながら、遂行することである。

いま日本に根付いている、このＱＣは、日本人が協同的な方法で、全従業員が工程に責任を持つ組織に発展させたものである。[*39] つまり、デミングの理論に基づいて、日本人が創造したノウハウであるといえる。

デミングの哲学は、それまでにない組織文化をもたらした。この組織は、システムとしての民主制で、政治学の民主制ではない。[*40]

アメリカで賞賛された、テイラーの科学的管理法

デミングの説いた品質管理に対して、アメリカでは、フレデリック・テイラー（Taylor.F.

W.）の説いた科学的管理法こそが官僚制組織であるという考えが根付いていた。
「科学的管理法の父」と称されるテイラーは、自ら現場を経験するなかで、クラフト制が労働者本来の能力を発揮させていないことに気がついた。労働者の間に、いわゆる怠業が蔓延していると考えたのである。

当時の封建的賃金制度は出来高制で、労働者が余計に働き、多く商品をつくると、雇い主は報奨金をけちるのが常となっていた。[*41] つまり、一生懸命働いても働かなくても、受け取る報酬は変わらなかった。

このため、働くものは、相当の速さでやっているように雇い主に思わせながら、仕事をのろのろとする方法を研究することになる。しかも、作業の現場は職人の習わしと伝統が支配する組織文化であった。テイラーは、この組織文化に科学のメスをあてようとした。

対象とした作業の場では、ずく（銑物銑）運びはショベル作業であった。テイラーはずく運びを、「ずくを持ち上げる」「持ってあるく」「斜面をのぼり貨車まで運ぶ」「貨車に投げ込む」「手ぶらで元の場所に戻る」という5つの要素に分けて分析し、ストップウォッチと巻尺で時間と位置を精密に測定した。

その実験で彼は、作業人のずくの運び方に、唯一正しい方法を決めた。すると、それまで一日の平均作業量は12・5トンにすぎなかったものが、一挙に47・5トンまで運べるようになった。

このテイラーの作業現場の実験は、後に「テイラー・システム」と呼ばれる近代組織論の礎となり、これが近代経営ひいては近代社会の規範となっていく。このテイラー・システムは、まず製鉄業界で採用され、自動車業界へと広がっていった。自動車王ヘンリー・フォードは世界に先駆け、自動車の製造工程を科学し始めた。

一人の若きテイラー学徒は、テイラー・システムを「自然法則と調和がとれた組織」と書き残している。[*42] その主張は明確であった。科学的管理法通りにすれば合理化、効率化は進み、労働条件も向上する、というのである。

これにより、アメリカ全土にテイラーによる科学的管理法の波が起こり、各地で科学的管理法の講演会が催された。ニューヨークで催された講演会には6万9000人の聴衆が集まったという。

経営そして社会規範として最も進んだ理論として知られるようになり、カーネギー、フォード、スローンのような近代を代表する経営者の経営理念には、総じて、テイラー・システムの裏付けがあった。アメリカ社会そのものが、科学的管理法の忠実な学徒となったのである。

第一次世界大戦前の米国企業などの社会にみられた問題はほとんど組織上の問題、非効率、調整のまずさ、監督不行き届きが原因であったが、科学的管理法がこれを解決し、さらに標準化、あるいは大量生産という成果をもたらした。

こうしてアメリカの繁栄の基礎は築かれ、この時点で、アメリカは最も進んだ官僚制国家となった。第二次世界大戦末の連合軍のもとで、ノルマンディー上陸作戦に従事するアメリカ人を見たイギリスのチャーチルは、明快で、論理的で、大量生産的な人間たちだと絶賛した。この段階で、テイラー哲学は、アメリカ人のこころの礎《いしずえ》となった。[*43]

近代官僚制文化の特徴は、合理、標準、専門、機械である。合理的規則に従い、没主観的な合目的性が重視される。時間は明白な時計ではかるものと考え、企業、政府の差はなく、5か年計画、10か年計画といった機械的計画を立て、ともかくそれを実現させることを重視した。

官僚制文化の最も大きな特徴は、「人間は生きている機械であり、その忠誠心、想像力、熱意は、最も良くて中立……悪くすれば負債となる」という見方である。官僚政府は国民を機械として扱い、官僚企業は消費者を裸の王様としてみる。

テイラーは、より明確に、人間、つまり作業者や消費者の知は、障害とみた。官僚制組織文化の政府、企業、大学、政党では、今も国民、消費者、サラリーマン、教授、学生をそうみている。官僚制の組織構造の骨格はピラミッド構造であり、一段上の命令は絶対的である。ここでは、恣意や気まぐれ、身びいきを排し、テイラーが行ったように科学的アプローチで唯一正しい方法を求め、これをピラミッドの最上段から一方的に押し付け実行させるという方法論となる。

この時代、テイラーの科学的管理法は、信じられない速度で、アメリカだけではなく日本を含めた先進諸国へ拡散していったことが、組織の研究者により確かめられている。しかし日本では、科学的管理法は大きな広がりをみせることはなかった。[*44] 次に、当時の状況をみていく。

科学的管理法が日本に定着しなかった理由

日本では、第二次世界大戦前、政府の積極的な勧奨にかかわらず、科学的管理法はあまり普及しなかった。その根拠が、日本的経営の特徴を示しているといえる。

日本では、1911年に、池田藤四郎が「無益の手数を省く秘訣」と題して能率増進法の紹介をしたのが、能率の普及の第1歩であった。大正元年には、星野行則によって「科学的管理法の原理」が翻訳されている。そして、大正6年には、「エフィシェンシー協会」が生まれ、同10年「倉敷労働科学研究所」が設立された。さらに14年「日本産業能率研究所」が開設され、「テイラー協会日本支部」がおかれた。

これら民間における能率増進運動と並行して、政府公共団体でも能率がとりあげられていった。大正10年、農商務省に「能率課」が設けられ、東京、愛知、大阪、神奈川、兵庫、満州、福岡、広島、熊本、宮城の順で、各地方単位に能率研究所がつくられた。[*45] このようにアメリカと同様新しい科学的管理法という考え方が、日本全国に広がっていったことがうかがえる。

これらの事実から、日本でも産業能率運動に先立って、科学的管理法や能率の観念が導入されていたし、その紹介は熱心にされていた。またその時期も、アメリカの創始の時期と比較しても、そう遅れていたわけではない。しかし、その実用化においては、官業の一部と、民営では紡績業以外には徹底されることがなかった。

科学的管理法、いわゆる能率の論理が日本企業に浸透しなかった理由は、経営における人間の捉え方が、アメリカと日本では大きく違っていたからだといえる。

世論の反対があったのだ。反対論の論拠は次のようなものであった。①単調になる、②過労をきたす、③労働を長期に保全できない、④製品の質を悪くする、⑤人格を無視する、⑥失業を証する。[*46]

これらの批判は労働者の立場からのものである。そのため、政府の積極的な後押しと経営者の推進の意欲があれば、十分に浸透できたはずだ。大企業では、機械化はかなり進行しており、生産技術的には、科学的管理法を導入するための客観的条件が整いつつあった。にもかかわらず、それが徹底しなかったのは、経営基本方針に関する問題であり、能率の論理はこれまでの「日本的経営の原理とは背反していた」ためであると考えられる。

こうして「機械と人間」という形で提起された科学的管理法をめぐる論争は、実用化の段階で、結局これまで通り〝人の重視〟という形で終わった。ある労務管理書では次のように記されている。

「能率増進の声は今や産業界の隅々にまでも響き渡り、科学的管理法の研究応用とともに或いは時間研究であるとか動作研究であるとか種々の心理的機械的方策が行われつつある。すべての能率が合理的に増進されることは望ましいことであろうと思う。

ただ、今日行われているところの能率に関する研究並びに方策を、むしろ一方に偏したやり方であって真実根本的なる方策は如何に労働者をして雇主の人格を信頼せしめ、彼等をして其生に安んじ業を楽しましめるかというところにならなければならないと思う」[*47]

つまり、日本の経営風土には、人間を機械とみなす科学的管理法の考え方が受け入れられなかったのである。

一方で、第二次世界大戦後、同じアメリカからの導入となるデミングの品質管理の理論は日本企業に受け入れられた。それが日本独自の発展を遂げ、日本的経営の特徴となるのである。

基本はＰＤＳＡサイクル──世界に誇る現場カイゼン

ここで、テイラーのテイラー・システムと、デミングのデミング・サイクルの違いを、より詳しく記そう。

それまでの製造家は、生産方式は「設計」「製造」「販売」という3つの段階の製造業務をすると考えていた。これはテイラーが説いたテイラー・システムの生産方式である。

設計　→　製造　→　販売

一方で、デミングは生産方式は古いものと新しいものとに分けられるとした。各々の部門を区分して扱うのではなく、相互関連のあるシステムとして、プロセスの全体の最適化をはかるものだ。そのため、従来の3段階方式ではなく、第4の段階をとりいれて、4つの段階を1つの回転にしていくものだとした。

こうして描かれたサイクルは、〝デミング・サイクル〟いわゆる〝ＰＤＳＡサイクル〟となる。

Plan（計画）→Do（実行）→Study（評価）→Action（改善）→…（またPlanに戻って繰り返す）

これは現在、多くの人が知っていて当たり前になっている、ＰＤＣＡサイクル《Plan（計画）

→Do（実行）→Check（評価）→Action（改善）》の先駆けとなったものだ。PDCAサイクルは、デミングが主張したシステムの概念に依拠しているのである。

この哲学は、設計、生産、販売、サービスを含む1つのシステムを絶えずカイゼンするために、製造およびマーケティングのさまざまな段階において、統計的フィードバックを行うものである。[*48] テイラーは直線となるが、デミングは4つのポイントを持つ車輪となり、「品質を重視する概念」と「品質に対する責任感」の線の上を転がっていく。品質管理では、これを「サイクルをまわす」といういい方をする。

長い人間の組織の歴史で、このような概念を適用した組織が姿を見せたのは、はじめてのことであった。[*49]

デミングは、日本に来た当時、アメリカでは全くの無名であったが、日本の急成長により1980年代に注目され、その時に「14原則」をあげている。そのなかから、重要と思われる5つを紹介する。[*50]

・**短期的な収益性よりも長期的**な要求をまかなうように資源の配分をして、製品やサービスのカイゼンを目指す恒久的な目的を創造する。

・**絶えず工程をカイゼン**するため、システムの問題点を継続的に調べる。

・全従業員をより有効に活用できるように、**新しい訓練方法を制度化**する。
・組織全体を通じて、余計な不安を取り除き、従業員をより高い生産性で働かせるのに効果的な、**上下の意思疎通その他の手段を促進**する。
・研究、設計、販売、生産というような違った分野の人たちの努力を組み合わせて、**チーム・ワークによる問題解決を促進し、部門間の障壁を取り除く**。

これらはQC（Quality Control 品質管理）、いわゆる小集団活動として日本企業に定着し、トヨタ生産システムに昇華した。日本の社会風土を基礎にした日本的経営モデルといえるものである。

この威力を見たアメリカをはじめとする各国でも、産業、経営、政治などの諸分野で研究が始まった。

デミングは「自分は日本人にシステムと協力を教えた」というメモを書き残している。協力の概念については、「かれのいう〝協力の概念〟とはどのようなものであったのか。わざわざ協力の話を〝和の文化〟の伝統を持つ国で説く必要はなかったのではないかと思う人たちがいよう。が、これは錯覚である。世界が評価する協力の概念は、このときにはまだ定着していなかった[*51]」といわれている。デミングは、新たな組織理論としてのシステム、協力の概念を説いたのである。

数学と生物統計学のナンシー・R・マン（Mann.N.R.）によると、デミングの14原則においては、研究、設計、販売、生産というような違った分野の人たちの努力を組み合わせて、チーム・ワークによる問題解決を促進し、部門間の障壁を取り除く、とある。[*52]

デミングの〝協力の概念〟は、近代のものに比べても、もう一段階段を上がったもので、職場の仲間内だけでなく企業のすべてのセクション、あるいは企業、大学という学域の違いを超えて知識を共有しあうものであった。公民、ケイレツ企業、ライバル企業という人為的な区分を超え、おなじ意識を持つものの間で学習しあう、という新しい和が始まったのである。

重要なことは、デミングがすべて指導したのではない、ということである。その多くは、日本人が自らトライ・アンド・エラーで確立していったものである。このベースには、伝統の和もあった。

デミングの説いた協力の概念が日本の経営風土に急速に広く行き渡り、発展を遂げたのは、日本の和の文化というルーツがあったからだ。反対に第二次世界大戦前のテイラーイズムが取り入れられなかったのは、人間を機械とみなす考え方が、受け入れられなかったからである。

デミングは、日本で「システムの概念」について話したときの様子を、著書『The New Economics for Industry, Government, Education』で取り上げている。

「日本人は偉大な知識を持っていた。が、それらは断片的なもので、コーディネイトされたものではなかった。……かれらの知識と努力は生産システムへの努力となり、そして顧客のニーズが予測できだした。この結果は世界が知ってのとおりである[*53]」

エマージェントな今こそ、中小企業は日本的経営を実践すべき

ここまでみてきたように、日本的経営は日本の風土、日本人に合った経営手法であり、またその優秀性も欧米で認められている。

『ジャパン　アズ　ナンバーワン』を著したエズラ・ヴォーゲルも、日本的経営方法の起源として、家族主義的手工業を示している。この「封建的」手工業は独立当時のアメリカや産業革命以前のヨーロッパにあった家父長的徒弟制度と非常に似ていた。ただ、日本はこの封建時代の手工業で培われた家族主義が、欧米から移入した新しい技術と組織形態を持つ近代工業の中に見事に開花したとしている[*54]。その核となるのが、「長期計画、終身雇用制、年功序列制、従業員の会社への忠誠心[*55]」としている。

まさに、これは温故知新である。江戸時代の商家で実践された手法が日本的経営の原点であり、それが明治以降企業規模が大きくなる中で、欧米のいろいろな手法が取り入れられてきた

が、やはり基礎となる日本的なるものは変わっていない。

ここが重要なところで、すべての日本的なるものを頑固に変えないのではなく、基本として残し、新しい良いと思われるものは取り入れていくという姿勢である。

特に中小企業にその姿勢が求められる。なぜなら、マスコミや経営学が発するものは、大企業を中心としたものになっており、それが中小企業経営に混乱をもたらしていると考えるからである。

それでは、ここまで述べてきた日本的経営のエッセンスを、見直してみよう。

日本的経営に目を向けるときに、役立てていただきたい。

家族主義

まず、江戸時代の商家のエッセンスが、「家」「長期視点」「家族主義」「終身雇用・年功序列」「中核人事と外部人材」であった。家と家族主義について、江戸時代の商家では、従業員は子供といわれ、主人は疑似的な親の役割をしていた。中小企業経営においても、社長はこのような親の気持ちで従業員に接するのが理想的であろう。従業員の幸せを一番に考え、時には厳しく、長い目で育成していくことが求められる。従業員もその気持ちに応えるよう一生懸命励む。これが終身雇用と年功序列につながる。

転職を繰り返してステップアップすることができるのは、職能主義が徹底している欧米の話である。終身雇用が古い制度で、もはや廃止せざるを得ないという声をよく聞くが、終身雇用を続けるという大企業も多い。まして中小企業はそれを基本とすべきである。年功制という評価・報酬制度についても、それを基礎として組み立てる方がうまくいく。成果主義の部分も必要であるが、すべてを成果主義にすることは難しい。これも欧米の職能主義が基礎となっているからである。

大企業と中小企業は根本的に異なるが、圧倒的に違うのは資産である。大企業は明治時代の殖産興業で払い下げられたインフラ分野の企業、そして天才的な起業家による企業の2つのタイプがある。

企業は、上場することで全く違うステージに上がる。上場には、収益性、成長性、透明性が求められるが、上場の条件をクリアすることで企業は全く別物になる。従業員の報酬、福利厚生、ブランド力によるプライド感などが変わる。残念ながら中小企業の従業員には望むべくもないものが与えられる。

では、中小企業の経営者が従業員に与えられるものは何か。

筆者は「親心」しかないと思っている。この親心が従業員のやる気や成長、帰属意識すべてにつながる。日本的経営が機械主義ではなく、人間主義であること、理論的ではなく情緒的であること、そして人間関係の原点が家族にあることを考えると経営者としての心構えがここにある。

先に述べたヴォーゲルも、日本企業の先輩が後輩の面倒をよく見る様子が、欧米人から見たら「母親のような世話のやき方[*56]」に見えるとしている。社長が父親役で先輩が母親役といえるかもしれない。

また、大小さまざまな宴会が頻繁にもたれる。忘年会、送別会、歓迎会、昇進祝い、客の接待、定年の退職祝いなどである。週末には、桜見物や紅葉狩りのための社内旅行もある。社員の家族には、パーティ、クラブ、施設、講習会、展覧会などの優待もある[*57]。そしてこれらが社員の帰属意識ややる気を高めることに効果を上げているとしている。

現在ではこのようなウェットなことは古い、今の若い人はついてこないといわれるが、うまくいっている中小企業は飲み会や社員旅行が多く、それを楽しみにしている人が多い。たかが飲み会や社員旅行であるが、大きな力となっている。

和の重要性

十七条憲法が日本の経営風土の原点であり、その高い精神性が日本人の民度を支えていると前述した。日本に長寿企業が多いことと精神性の高さに何らかの関連性があると考える。

経営には理念が必要であることはよくいわれることである。しかし筆者はその考えにあまりこだわりを持つ必要はないと考える。それは、もともと日本人は高い精神性を持っているからである。むしろ欧米の企業が機械的であるがゆえに理念経営を重視すべきである。

あえて理念を掲げるとすれば、十七条憲法の中から自分が重要と思う条文を取り上げて、それを企業理念にすればよい。たとえば、次のようなことを。

日本人が古より受け継いでいる「和」の重要性
謙虚・質素・礼儀
私利私欲の排除・公明正大
人としての正しい道
勤勉・勤労の大切さ
信用の大切さ
私より公を優先する
独断専行の排除

集団主義・現場主義

これはボトムアップが前提となる。社長の仕事は、目標、ビジョンを示すことであり、そこに至る道筋は現場に任せることである。現場に任せることは容易ではないと思うが、その仕組みをつくることである。具体的な方法論として、デミングの14原則がある。

短期的な収益性よりも長期的
絶えず工程をカイゼン
新しい訓練方法を制度化
上下の意思疎通その他の手段を促進
チーム・ワークによる問題解決を促進し、部門間の障壁を取り除く

これはQC（品質管理）いわゆる小集団活動として、日本企業に定着し、トヨタ生産システムに昇華した。

QCとは、小集団で現場が集まり、問題点を抽出し、原因を究明し、対策を考え、実行し検証するというPDCサイクルを回すことである。

このPDCサイクルとは、現場が自ら問題抽出→課題設定→実行→検証のPDCサイクルを

回してカイゼンを繰り返すことで、生産性を上げていくものである。

「問題解決」は人材の基礎的な能力で、人材育成の要《かなめ》である。大企業では製造業だけでなくあらゆる業界で問題解決手法の習得、PDCサイクルを回す会議や研修が仕組みとして定着している。つまり、問題解決と人材育成のルーチンができている。

しかし、中小企業はこれらが仕組化されておらず、人材育成や課題解決ができていないケースが多い。これは、筆者が中小企業約400社を訪問して課題抽出してわかったことである。

その原因は主に2つある。

1つは、余裕がない、仕組みをつくったり回したりする**人がいない**ことである。

解決策としては、外部人材を使うことだと考える。江戸時代の商家では、丁稚から経営者候補になる中核人材と、中年者と呼ばれる外部人材に分けられていたが、この考え方を取り入れるということだ。具体的には後述するが、プロジェクトをつくり、そこに外部人材を入れることで、PDCが回りだし、好循環になる。

もう1つは、中小企業ではPDCが回らない原因に、そのプラットフォームとなる**戦略フレームワークがない**ことがあげられる。

問題抽出、戦略分析・立案がPDCに必要なことであるが、それをわかりやすくできる手法が確立されていないのである。

経営戦略論の分野であるが、中小企業に適した方法論が確立されていない。
次章では、その問題点と解決策について見ていきたい。

第2章

過去の戦略から学び、生かす エマージェント戦略論

日本的経営の研究から生まれた戦略論

そもそも戦略とは何か

エマージェント経営の軸となる「エマージェント戦略」について考察していきたい。そのために、アメリカで戦略論が生まれた背景、それが日本の中小企業に適していない理由をみていく。そして次章で、日本的経営が生んだ「エマージェント戦略」の理論的背景と具体的な実践法をみていく。

まず、そもそも「戦略とは何か」、「フレームワークとは何か」という、定義を明確にする。「戦略とはなにか」という問いに対して、明確に答えられる人は少ないのではないだろうか。戦略立案の方法についても同様だ。これは、戦略という言葉が氾濫していることが原因だろう。

「ストラテジー（戦略）」という言葉は、19世紀初頭には軍事学者であったカール・フォン・クラウゼヴィッツ（Clausewitz.C.V.）によって使われるようになった。その後、1960年代半ばには、主に企業の計画や組織構造について考えていた人々が使用するようになる。

アメリカの経営史学者であるアルフレッド・デュポン・チャンドラー（Chandler,A.D.）は、世界最大のアメリカ合衆国の総合電機メーカーであるGEや、化学メーカーのデュポンなどといったアメリカの巨大企業の形が、戦略の変化に従って、職能を軸に編成された組織から、それぞれが独立した企業のように行動する事業部制に進化したことを明らかにした。

このときにチャンドラーが記した戦略の定義は、「戦略とは、企業の基本的な長期目標を決定すること、およびそれらの目標を達成するために必要な行動の選定ならびに資源の配分を行うこと」[*1]と大雑把なものだった。

この研究から、戦略は、ビジネスの世界で頻出する言葉となったが、その定義は曖昧であり共通認識ができていない。

カナダの経営学者であるヘンリー・ミンツバーグ（Mintzberg,H.）は、戦略とは、次に示す5つのカテゴリーから定義されてきたと述べている。[*2]

①戦略は計画である

計画とは、方向性、道標、将来における一連の活動、ある地点から他の地点へ行くための道程ともいえる。

②戦略はパターンである

すなわち、長期間にわたる一貫した行動である。たとえば、ハイ・エンド戦略といわれる最高級の製品を市場に送り出すパターン、挑戦的な事業を選択するパターンであるハイ・リスク戦略などである。

③戦略は位置づけである

すなわち、特定の市場での特定の製品に対する意思決定である。

④戦略は視点である

すなわち、自社としての生き様、企業理念、事業コンセプトといえる。

⑤戦略は策略である

すなわち、敵あるいは競合他社の裏をかこうとする特別な計略のことである。

戦略が5つのカテゴリーから定義されていることからわかるように、戦略という言葉がいろいろな意味を表し、結果的に言葉が氾濫していて、その実体は認識し難い。

またミンツバーグは、戦略形成の方法論、つまりどのように戦略をつくるかという視点から、既存研究が次の10の学派[*3]に分けられると述べている。[*4]

(1)デザイン学派　　コンセプト構想プロセスとしての戦略形成

(2)プランニング学派　形式的策定プロセスとしての戦略形成
(3)ポジショニング学派　分析プロセスとしての戦略形成
(4)企業家学派　ビジョン創造プロセスとしての戦略形成
(5)認知学派　認知プロセスとしての戦略形成
(6)学習学派　創発的学習プロセスとしての戦略形成
(7)政治学派　交渉プロセスとしての戦略形成
(8)文化学派　集合的プロセスとしての戦略形成
(9)環境学派　環境への反応プロセスとしての戦略形成
(10)構成学派　変革プロセスとしての戦略形成

主な戦略フレームワークは、(1)デザイン学派から(3)ポジショニング学派までの、3学派によってつくられた。

1960年代にデザイン学派が基本的なフレームワークを発表して、プランニング学派は、デザイン学派のフレームワークを基礎にしたシステマティックな計画作成を重視して1970年代に最高潮に達した。そして1980年代に入ると、より戦略の内容を重視して、市場の戦略的ポジションを示したポジショニング学派が出てきた。

その後、戦略形成プロセスのそれぞれ特有な側面に焦点をあてて、どのように戦略が形成されるかが示されるようになった。

リーダーによるビジョンの創造という側面からみたものが企業家学派、戦略が個人の頭のなかでビジョンが形成されるという点に焦点をあてて認知心理学を応用しようとするのが認知学派である。

その後、戦略形成のプロセスを、個人の範疇を超えたところで捉える考え方が出てくる。

学習学派では、経営はあまりに複雑すぎ、戦略をはじめから明確に計画やビジョンという形で表すことは不可能であるため、組織が学習するなかで、戦略が姿を現す、とするものだ。政治学派は、組織内で対立するグループ間、または外的環境に対して組織がとる対応プロセスとして捉えている。文化学派では、戦略形成は組織の文化・風土を基盤にするものと捉え、環境学派は、外部環境への反応プロセスと捉えている。最後に構成学派は、9つすべての学派を統合するなかで、戦略策定プロセス、戦略の内容、組織の構造などの要素を企業の成長ステージや常態によって区分している。[*5]

現代の戦略フレームワークの元となった3学派

(1)デザイン・スクールの特徴[*6]

デザイン・スクールとは、戦略形成における最も基本的な考え方のスクールである。

それは、SWOT分析（〝強み〟Strength、〝弱み〟Weakness、〝機会〟Opportunity、〝脅威〟Threatの頭文字から命名されたフレームワーク）を用いたもので、戦略家である経営トップによるコンセプト構想の手法として位置づけられ[*7]、戦略マネジメントにおいて、基礎的な中心的概念を提供してきた。

それは、内部環境分析である組織の強みと弱みから卓越したコンピタンス、外部環境分析である脅威と機会から主な成功要因を考慮し、そこから戦略の創造を行うものである。

このスクールの基礎を築いたのはハーバード・グループのケネス・アンドルーズ（Andrews.K.R.）であり、さらにはフィリップ・セルズニック（Selznic.P.）や、前述したチャンドラーにまで遡ることができる。

1960年代から今日に至るまで、はやりすたりはあるが、確固たる地位を築き、また現代の新しい戦略形成の根底にも、このスクールの考え方が脈々と流れているといっても過言ではない。それは何より、戦略を構想することに重きを置いているからといえる。

デザイン・スクールは、戦略を独自性のある自社能力から構想する簡潔で明快なものと捉えており、創造的なプロセスから生まれるものだとしている。そして、戦略は組織それぞれにカスタマイズされ、構想プロセスにおいては柔軟性をもつという。これは、現代にも十分役に立つ考え方だといえる。

しかし一方で、そのプロセスの責任者は戦略家である経営トップであるとしており、戦略作成と実行を分離したことで、実行から組織学習の考え方を排した。それが結果的に明確な戦略を打ち出しながら実行プロセスにおいて、柔軟性を排除することにつながっている。つまり机上の空論を招きかねないのである。

(2)プランニング・スクールの特徴[*8]

1960年代にデザイン・スクールとほぼ同時に派生した、プランニング・スクールの中心テーマは、「形式化」である。

基本モデルとしてSWOT分析があり、時間軸と組織に沿って、目標・予算・プログラムに落とし込まれていく。デザイン・スクール同様、戦略作成は実行と切り離されるが、トップが戦略計画の主体ではなく、専門のプランナーすなわち企画スタッフが主導権をもつことがデザイン・スクールとの違いである。

アメリカの経営学者であるイゴール・アンゾフ（Ansoff,H.I.）は、意思決定の総分野を3つの明瞭なカテゴリーに分けたほうが便利であるとして、「戦略的意思決定」、「管理的意思決定」、「業務的意思決定」に分けた。[*9]これらは戦略的な意思決定、すなわち戦略形成はトップもしくはトップに近いところで形成されるべきであるということを表している。

プランニング・スクールは形式的な手続き、形式的なトレーニング、形式的な分析、そして数量データを重視しており、さまざまなチェックリストと分析技法を使う方法論は、１９７０年代から80年代にかけて、プロセスの明快さとコンサルタントの使い勝手のよさから爆発的な流行となった。[*10]

しかし、形式的プログラミングへの過度な依存により、重大な問題が生じるようになった。つまり、戦略の内容に関する十分な議論がないまま、形式的なプランニング・プロセスに沿って経営計画を長期・中期計画、そして年度計画へと機械的に落とし込んでいく作業上の危険性が認識されるようになったのである。つまり、戦略形成において、形式的な過度の分析による戦略が実行の障害になることがわかった。それに対する答えは、のちに続く各スクールが解明していくことになる。

いずれにしてもプランニング・スクールはプラスの意味での功績は、企業がある規模を超え安定成長を目指す際に共通のプラット・フォームをつくりあげる点にあり、戦略的コントロールの視点からは完全に否定されるわけではない。

(3)ポジショニング・スクールの特徴[*11]

プランニング・スクールはイゴール・アンゾフ、ポジショニング・スクールはアメリカの経営学者であるマイケル・ポーター（Porter,M.E.）の考えが軸になっているとして、区別して考察される。

次のポジショニング・スクールは、デザイン・スクールを基礎としてプランニング・スクールの流れをくみながらも、スクールの名のごとく、経済市場におけるポジションの確立に焦点を絞ったものである。

このスクールでは、市場競争原理の働く環境において包括的なポジションを選択するため、特に分析に集中する。つまり産業構造の分析から戦略ポジションが導かれ、ひいては組織設計に影響を与えることになる。

ここでの主役は、CEOでもプランナーでもない。大量のハード・データを処理して計算する、アナリストである。

ポジショニング・スクールは、まさにコンサルタントのために仕立てられたスクールといわれる。[*12] 70年代から80年代にかけて、いわゆる戦略ブティックといわれるコンサルティング・ファームができ、そこで多くのフレームワークがつくられた。

その代表的なものが、ボストン・コンサルティング・グループ（以下ＢＣＧ）の「経験曲線」と「成長率・市場占有率マトリックス（以下ＰＰＭ）」、ポーターの「ファイブ・フォース」である。

戦略は誰が、どのようにつくるのか？——トップダウンとボトムアップ

主な戦略フレームワークを生んだプランニング・スクール、ポジショニング・スクールのスタイルは、「戦略は、経営トップまたはトップに近いスタッフが、現場から離れて、分析を重視して、形式的につくる」というものである。

これは、前章で述べた、経営学の出発点になったテイラーの「科学的管理法」に依拠している。彼は、現場とトップを切り離し、仕事の方法はすべてトップが考えて、現場は機械のように忠実に従うことを求めた。

この方法論に基づいて戦略形成を考えたのが、プランニング・スクールとポジショニング・スクールであり、主な既存フレームワークは、このグループに属する。

トップダウン型に潜む実行不全症候群

しかし、なんと、プランニング・スクールの考えの軸となり、分析型トップダウンの代表的存在、戦略的経営の父と呼ばれているイゴール・アンゾフは、『企業戦略論』から23年を経た1988年に著した『最新・戦略経営』で、次のように述べている。

戦略計画の成果は実行に移しにくかっただけでなく、戦略の厳格な考え方を開始する試みは一般に「計画に対する抵抗」をもたらした。すなわち、企業から発生する組織ぐるみの慣性が計画書を実行に移す活動を頓挫《とんざ》させたり、さらには、「異質の抗体」として計画を拒否したりしたのである。

要約すると、戦略計画の初期の体験は、次の3つの深刻な問題点に直面した。[*13]

・「過剰分析による機能麻痺」。戦略計画書をつくってみても、市場地位での成果をほとんどもたらさない場合に、この現象が発生した。
・戦略計画の社内への導入に対する組織抵抗。
・戦略計画の社内からの追放。トップ・マネジメントによる戦略計画に対するこれまでの強力な支援が中止されたり弱まったりするや否や、この現象が発生した。

つまり、トップが策定した戦略計画が実行不全に陥ったということであり、『企業戦略論』に著されている方法論に基づいて全方位的に分析して策定された戦略が機能しない、ということが判明したのである。またイゴール・アンゾフは戦略形成の主体について、『企業戦略論』で以下のように述べていた。

「したがって、企業全体の目標といったものを取り扱うことにして、きわめて重要な問題ではあるが、ここではふれないつもりである。また、目標が引きだされるプロセスについても、ふれないつもりである。すなわち、トップ・マネジメントによって上から課せられるべきか、あるいは下から上への組み立て式につくられるべきか、それとも、企業における参画者たちの間の話し合いのプロセスを経てつくられるべきか、といった点については、ふれないつもりなのである」*14

このように考えたのは、戦略が実行に移される前提が根拠になっている。それは、以下の3つの前提である。①合理的な戦略は合理的な社員に受け入れられる、②トップで形成された戦略は確立されたシステムによって日常業務に移行される、③戦略形成と戦略実行は相互に独立した行動である。

この前提は『最新・戦略経営』で否定され、トップでつくられた戦略が組織抵抗による実行不全に陥ることを自身で指摘した。

そしてその解決策として、さらなる戦略策定の方法論と実行を担うマネージャーの能力について述べている。

それに異を唱えたのが、学習派、いわゆるラーニング・スクールだ。

「戦略形成のプロセスは複雑で、現場と離れてデータ分析を重視しても有効な戦略は生まれない。また現場が分析・立案に参加しない戦略は実行されにくい」とした。

ラーニング・スクールは、「学習する組織」を提案したピーター・センゲが代表である。

この**ラーニング・スクールは日本の経営を研究した結果、生まれたもので、日本的経営の特長を表している。分析型トップダウンに対して創発型ボトムアップである。**

分析的トップダウン型は、戦略分析から戦略策定、そして実行にいたるプロセスにおいて、分析と策定の視点から一方的にみるものだ。そのため、環境変化によって生じる戦略と実行との乖離を見過ごしてしまう。

一方、創発的ボトムアップ型の視点では、環境変化に対応することによって、戦略を柔軟に変化させ、現場レベルで創発的に対処することが可能となる。そしてそれが学習する組織である、という考えだ。

ミンツバーグは『戦略サファリ』のなかで、ラーニング・スクールのことを、最も注目を集めているスクールだと位置づけている。[*15] これは、1980年頃の日本の優位性の研究から注目されてきたものだとして、次のように述べている。

「(ラーニング・スクールは) デザイン・スクールからポジショニング・スクールまでにみられる明確にコントロールされた計画的な戦略形成プロセスではなく、創発的にあらわれた戦略を、いかに組織という集合体のなかにパターンとして根付かせていくかに焦点をあてたものである。つまり、創発的戦略 (Emergent Strategy) と組織学習が主要なテーマとなる」[*16]

ここで、1つの例を、みてみよう。

BCGが犯した大きなあやまち

1970年代、英国政府はBCG (ボストン・コンサルティング・グループ) を起用して、「ホンダがアメリカのオートバイ市場で、競合であるイギリスを劇的に凌駕したのは、なぜなのか」を説明するように依頼した。1959年当時、英国のオートバイは輸入市場の49%を占めていたが、1966年には、ホンダが市場全体の63%のシェアを獲得したからである。

1975年の報告書では、いかにもBCGらしい古典的な合理的ポジショニングを示した。その報告書によると、経験曲線、高い市場占有率、国内生産量の規模の経済を活用して低コストに努め、さらに中産階級に小型オートバイを販売するという新しいセグメントから参入して米国市場を攻撃した、という模範的なものとなっていた。

日本のオートバイ産業、なかでもマーケットリーダーのホンダは、一貫した構図を示している。日本の製造メーカーの基本的理念は、資本集約型で高度にオートメーション化した技術を駆使することで、車種ごとの大量生産・大量販売が可能になる、というものである。彼らのマーケティング戦略は、これらの大量生産車種の開発に向けられ、われわれが考察したとおり、成長性とシェアの獲得に多くの関心が寄せられている、[*17]といった。

リチャード・タナー・パスカル（Pascale,R.T）は、このBCGの説に疑問を抱き、日本へ飛んで、実際に米国市場の参入を実行したホンダのマネージャーたちの話を聞いた。[*18]

すると、ホンダのマネージャーたちは、「実は、アメリカで売れるかどうかやってみよう、という考え以外に、特に戦略があったわけではないのです。（中略）本田氏は特に大型の250ccと350ccのオートバイに自信を持っていました[*19]」といったのだ。

だが、この大型車の戦略は間違いで、日本と違ってオートバイを長距離、高スピードで乗るアメリカでは、ホンダのオートバイは故障ばかりしたのである。

しかし同時に、この戦略は思ってもみない方向に進んでいく。

「最初の8か月間は、本田氏と自分たちの直感に従って行動し、アメリカに50ccのスーパーカブを導入することは考えていませんでした。日本では大成功していましたが、すべてが大きく豪華な米国市場には、全く受け入れられないだろうと考えていたのです。

決め手となったのは輸入市場でした。我々は、そこでもヨーロッパのメーカーは、アメリカのメーカーと同様、大型のオートバイに力を入れていました。

そのとき、我々は、自分たちがロサンゼルスで用を足すのに50ccバイクに乗っていたのです。それが、かなり注目を集めていました。

そしてある日、シアーズのバイヤーから電話があったのです。もちろん仲介者を通して販売することは断固として拒否しましたが、シアーズが関心を持ったということを心に留めておきました。それでも、極端に男性的な市場に50ccを押し出すことなどは、私たちのイメージを損ねると考え、乗り気ではありませんでした。しかし、大型バイクが壊れ出したら、もう選択の余地はありません。50ccを導入することとしたのです」

結果として、この戦略は大当たりして、今までバイクに乗っていなかった新しい顧客がホンダに乗り始めた。それを引っ張ったのが「素晴らしき人々、ホンダに乗る」という有名な広告キャンペーンである。これは、授業の課題としてUCLA（カリフォルニア大学ロサンゼルス校）の大学生が考えたものである。

こうして最初は大型バイクで米国市場を狙っていたホンダは、50ccの小型バイクの戦略で成功を収めた。

ミンツバーグはホンダの出来事について、以下のように述べている。[*20]

ＢＣＧの報告書は、ホンダがどのように戦略を開発したかについて間違った結論を出し、その報告書を読んだマネージャーたちを間違った方向に導いた。その報告書に込められたメッセージは、オフィスに閉じこもって巧妙な競合分析をせよ、ということである。ホンダはそのようにして戦略を立てはしなかっただろう。

代わりにパスカルによるホンダ経営陣の話を読むと、そこにあるイメージは、ロールスロイスを売ってジーンズを買い、アイオワ州デモインあたりでオートバイに乗り始めるようなものだ。

「全くアトランダムに経験する」ことと、市場に驚かされるような事業機会に身を投じ、そこから学習することには、重要な違いがある。（中略）**なぜ日本人はそれほどうまくやったのか。これは成功例であり、失敗例ではない。しかし彼らがやったことは、すべて間違っていたように思える。**

確かに彼らは忍耐強く、マネージャーたちは会社に忠実で、また現場で重要な意思決定をする権限を持っていたようだ。しかし、戦略的思考となると、天才的とは思えない。

まさにこの話は、われわれが効果的な戦略マネジメントと信じていたこと（そしてＢＣＧが日本人の巧妙さとしたこと）を否定するものだ。日本人マネージャーの受け身的トーン（「物事は思ってみない方向に進んだのです」「もう選択の余地はありません」など）と、BCG報告書の前もってわかっていたかのような言葉遣いとを比べてみよう。

東京ですべてを解決できるとは考えず、学ぶ覚悟でアメリカにやってきたのだ。確かに日本での経験や生産性に基づくコスト・ポジションを用いたかもしれない。しかし、それは彼らが何をなすべきかを学んだ後のことである。BCGが犯した大きなあやまちは、この非常に重要な学習の期間を無視したことである。

これは組織学習によるエマージェント戦略の実例を示しているといえる。ホンダの成功は、現場からの出来事、事実に基づいて創発的に戦略が形成されたプロセスから生まれたものだった。これは日本人が現場を重視し、結果的にボトムアップ的な戦略形成となった。

一方で、BCGは、ホンダの成功がトップの戦略を現場が実行したという偏った見方をしていることがわかる。前ページで太文字にした文章に注目すると、「はじめに」で前述した日本のコロナ対策の成功を欧米がどのように見ているかという記述と酷似していないだろうか。

日本人は謙虚であり、自己の成功に対しても「反省」する。もちろん当時エマージェント戦略という概念はなかったので、現場の学習による成功が偶然のように語られていることは仕方がないことであろう。

計画的戦略とエマージェント戦略

「的確な情報があれば、組織のどこにいても戦略形成プロセスに貢献できる。（中略）現場の行動に最も密接につながっている部隊の最前線が、戦略に対して最も大きい影響力を持つからだ」[*21]

ミンツバーグはこのように、プランニング学派、ポジショニング学派が著したトップによる包括的・分析的な戦略計画の作成を批判している。

組織には、企業内起業家のように戦略的イニシアチブを推進する役割を持つところもある。それは、科学的管理法がすすめるトップ・マネジメントだけではない。イノベーションは、起業家によって創造されることが多いが、大企業は創成期を過ぎた後も革新的であり続けることもある。

ミンツバーグは、トップ・マネジメントに限らず、現場に近いあらゆる階層の人々によって形成される戦略を「エマージェント戦略」と呼び、そのもとに学習があることを、ラーニング・スクールは強調している。

さらに彼は、ラーニング・スクールについて、次のように述べている。

「このラーニング・スクールは、戦略を処方箋的な規範としてではなく、経験に基づく気づきを基礎に捉えており、実際の戦略が、組織のなかでどのように形成されるかについて深い分析と洞察を加えている。

ホンダのアメリカにおけるオートバイ市場戦略を、計画的でコントロールされた戦略の成功とみるのか、当初の計画の失敗を超えて学習したエマージェント戦略の成功例であるとみるのか、非常に興味深い考察をおこなっている。

とくに、分析は将来のことなど考えず、ほとんど後ろをみている。そして過去となったトレンドを未来に引き伸ばすだけだ。（中略）

ポジショニング・スクールを代表するBCGの分析的アプローチを、ホンダのマネージャーの実話と対比させながら痛烈に批判している。さらにセンゲ（Senge,P.）らによって喚起された組織学習の動向（中略）、すべての実践的な戦略行動は、計画的コントロールと創発的学習の組み合わせであることを強調している[*22]」

つまり戦略形成のプロセスに対して、事前の計画のみではなく、現場での組織学習の重要性を指摘しているのだ。

計画的戦略はコントロールに焦点をあて、経営的な意図が行動において確実に実現されるようにする。一方、創発的戦略では学習を強調し、さまざまな活動を通じて、何が最も重要な経営的意図であるかを理解するプロセスとする。[*23]

つまり、組織的能力に焦点をあて、ある単独のアクションが取られると、それがフィードバックされる。そのプロセスを繰り返すことで、組織はパターンを収束させてそれを戦略[*24]として、企業のあらゆる階層の人々によってエマージェント戦略は形成される。

この戦略を「戦略形成の草の根モデル」として、デザイン、プランニング、ポジショニングの各スクールを「温室モデル」として対比させている。

戦略形成の草の根モデル――創発的学習[*25]――

1．戦略は初めに庭の雑草のように生え、パターンが自然に形成される。温室のトマトのように過剰に管理され栽培されるわけではない。

2．戦略は、人々に学習する能力があり、その能力を支えるだけの資源があるところなら、行動が戦略的テーマに収束していく。そして、それは計画的とはいえないが、どのようなところにでも根づく。

3．パターンが雑草のように広がって、組織全体としての行動パターンになるとき、創発的戦略は組織的なものとなる。

4．パターン拡散のプロセスは意識的であるかもしれないが、そうである必要はない。また、

5. そのプロセスは管理されることもあるがその必要はない。
5. 新たな戦略は常に生み出されているかもしれないが、組織が変化する時に浸透する傾向がある。その変化の時には、調和のとれた継続は中断される。
6. このプロセスを管理することは、戦略を前もって予想することではなく、その出現を認識し、適当な時に介入することである。

戦略形成の温室モデル ―計画的コントロール[*26]―

1. 戦略家はただ一人、最高経営責任者（CEO）である。
2. CEOは、トマトを温室で栽培するように、意識的にコントロールされたプロセスを通して、戦略を策定する。
3. このような戦略は、熟したトマトが収穫されて初めて市場に送られるように、このプロセスの中から完成された時に、正式に明示される。
4. このような明示された戦略は、次に正式に実行される（そこには、必要な予算とプログラム、適切な組織構造などの設計が含まれる）。
5. このプロセスの管理には、適切なデータの分析、洞察力に富んだ戦略の予測、その戦略の注意深い実行とガイド、そしてスケジュール通り進行するのをモニターすることが必

図1

計画的及び創発的戦略[*29]

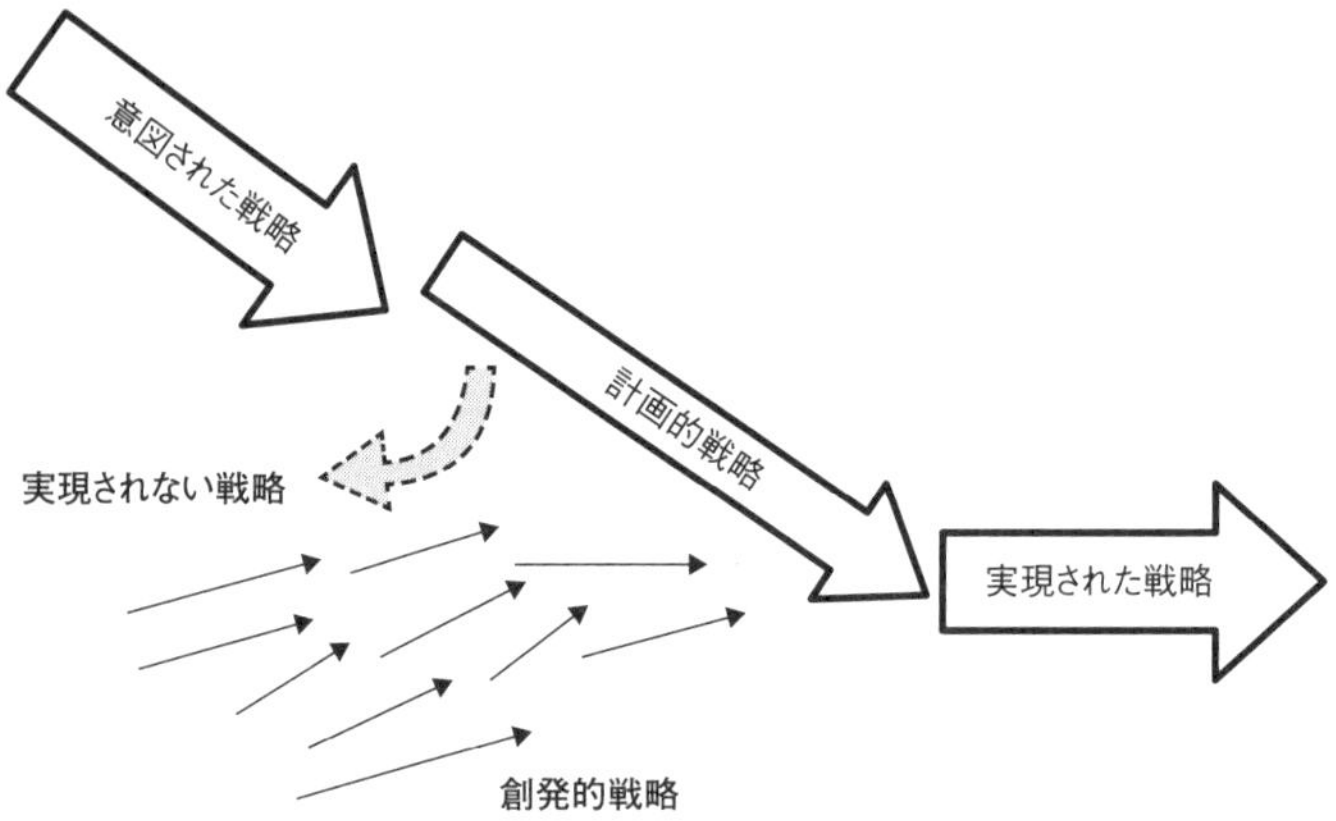

要である。

「ホンダにおける間違いからの学習」[*27]について、ミンツバーグは、ホンダの北米戦略において、温室モデルと草の根モデルを対比させている。「一方的に計画的で、全く学習のない戦略はほとんどない。しかしまた、一方的に創発的で、コントロールの全くない戦略もない。現実的な戦略はすべてこの2つを併せ持たなければならない。つまり、学習しながらも計画的にコントロールするのである。別の言い方をすれば、戦略は計画的に策定されると同時に、創発的に形成されなければならない」[*28]として、図1を示している。

ホンダが実際どのようにアメリカのオートバイ市場に参入したか、リチャード・タナー・パスカルとＢＣＧの主張は、ポジショニング・スクールとラーニング・スクールを際立って対照させており、この議論の結論として理想的な対比である。[*30]

次に、「戦略フレームワーク」について、みていく。

アメリカ発の戦略フレームワークの問題点

戦略立案の定石

「戦略」に続き、視点を明確にするために、「戦略フレームワーク」の定義をする。

「事業戦略の立案に唯一絶対の正しい答えは存在しない」[*31]としたうえで、戦略立案の定石について、欧米と日本において多くの大学院などで採用されている代表的な教科書の分析をみる。[*32]

まず欧米の教科書は、マイケル・ヒットの『経営戦略論』、ロバート・グラントの『グラント　現代戦略分析』、ジェイ・バーニーの『企業戦略論』である。これらは、欧米のビジネス・スクールを中心に、大学や大学院で採用されている標準的な教科書である。

マイケル・ヒットの『経営戦略論』における事業戦略に関する記述の概要は、「外部環境分析と内部環境分析を解説したのちに、事業戦略を、顧客と事業の関係と、ポーターの3つの基本戦略から概観、さらに企業間の競争関係と、競争構造の変化を分析」としている。

『グラント　現代戦略分析』における事業戦略に関する記述の概要は「外部環境分析と内部環境分析を解説したのち、競争優位の源泉をコスト優位と差別化優位に分類して説明。さらに、それが産業背景でどう影響を受けるか」としている。

『企業戦略論』における事業戦略に関する記述の概要では「脅威の分析、機会の分析という切り口から外部環境分析を整理。さらに、内部環境分析（資源ベース理論）が源流のＶＲＩＯフレームワークを軸として、５つの個別戦略オプション」を紹介としている。

これらの主な理論的背景は、経済学理論全般、ポーターの産業構造分析・基本戦略、資源ベース理論としている。

以上から、戦略立案の定石として、次の３つの要素があげられる。

①外部環境分析―ファイブ・フォース分析、ＰＥＳＴＥＬ分析、シナリオ分析など
②内部環境分析―資源ベース理論、知識ベース理論、ケイパビリティなど
③競争優位　　―差別化、コスト優位、イノベーション

次に、日本の教科書は、グロービス経営大学院の『ＭＢＡ経営戦略』、網倉久永・新宅純二郎の『経営戦略入門』、淺羽茂・牛島辰男の『経営戦略をつかむ』である。

『MBA経営戦略』における事業戦略に関する記述の概要は「戦略分析の基本ツールの解説から始まり、競争のメカニズムを外部環境分析、内部環境分析、バリューチェーンの視点から説明。ポーターの基本戦略とライフサイクルを紹介したのち、日本企業特有の課題に触れる」としている。

『経営戦略入門』における事業戦略に関する記述の概要は「競争優位の実現と維持に関して議論したのちに、ポーターの産業構造分析・基本戦略を軸に解説。さらに、コスト優位と差別化を組み合わせた顧客価値、自社と競合との関係である競争ポジション、産業構造変化の視点を議論」としている。

『経営戦略をつかむ』における事業戦略に関する記述の概要では「外部環境分析と内部環境分析を解説したのちに、ポーターの基本戦略を経済学的な視点も取り入れて解説。そのうえで、競争優位を持続するための個別戦略ポジション（特に業界標準、イノベーション、産業進化の観点）」を紹介している。

主な理論的背景として、ポーターの産業構造分析・基本戦略、イノベーション研究、マーケティング理論、日本企業研究などがある。

このように、戦略立案の定石として、「外部環境を知り、内部環境を知り、競争優位の源泉を議論することが、事業戦略立案の基本的プロセスである」としたうえで、欧米の教科書と比較して、①事例や情報を日本企業に限定している、②イノベーションとマーケティングの研究成果が採用されることが多い。

以上から、戦略フレームワークの条件として、「内部環境分析、外部環境分析、競合分析をしたうえで、その競争優位なポジションを示すことができる」とする。

また、イゴール・アンゾフは『企業戦略論』において、戦略の構成要素について、「製品―市場分野という基盤を使ってみることである。こうすることによって、企業の製品―市場地位がどの業種の範囲内にとどまっているかという特定の業種が判明するとともに、共通の統計資料や経済的予測資料を利用できるように、はっきりした分野に探求の焦点を合わせることができるという利点もある」[*33]と述べている。

このことから、**戦略フレームワークの条件として、「製品―市場分野における、内部環境分析、外部環境分析、競合分析をしたうえで、その競争優位なポジションを示すことができる」**とする。

現代の戦略フレームワークの成り立ち

アメリカで、いわゆる戦略ブティックといわれるコンサルティング・ファームができ、70年代から80年代にかけて、多くの戦略フレームワークがつくられた。

ポジショニング・スクールは、まさにコンサルタントのために仕立てられたスクールだ[*34]といわれる。

その代表的なものが、BCG（ボストン・コンサルティング・グループ）の「経験曲線」と「成長率・市場占有率マトリックス（以下PPM）」、ポーターの「ファイブ・フォース」である。

BCGは、その後コンサルタントファームの競争のモデルとなる手法を始めた。それはビジネスに役立つオリジナルの短い論文を載せた小冊子『パースペクティブ』を発行したことである。その後10年間で400本以上の『パースペクティブ』を発行し、いくつかの有名な戦略フレームワークを発表することになる。以下はそれらを概観することで、戦略フレームワークの成り立ちをみていく。

1960年代の戦略フレームワーク「経験曲線」[*35]

経験曲線とは、簡単にいうと企業の自社コストが経験によって低減することである。ウォルター・キーチェル（Kiechel,W.）によるとBCGが経験曲線を編み出したのは1966年のことであった。

当時BCGで、競合に価格で太刀打ちできない課題をもつクライアントがあり、その解決のための資料のなかに1964年『ハーバード・ビジネス・レビュー』誌に掲載された「学習曲線から得られる利益」と題した論文があった。この論文は組織学習によって製造コストが下がっていくことを示し、この現象には「学習曲線」「製造進歩関数」「原価曲線」「効率性曲線」「経験曲線」があり、そのなかで「学習曲線」が実際に起きていることを、最もよくとらえていると主張していた。

BCGがこれをベースに独自の工夫をした。それは、第1に、曲線を計算する際に考慮に入れるコストの範囲を拡大して、製品に織り込まれる人件費だけでなく、「資本コスト、管理費、調査費、マーケティング費など」といった企業の財務諸表に表れる「すべてのコスト」を含めることにした。

第2に、こちらのほうが重要なのだが、BCGは経験曲線における──コストにおける──企業の位置を、その企業の市場シェアのあいだに直接的な関係があると仮定した。最大のシェアを持つ企業、つまりその製品を他のどの企業よりもたくさん売っている企業は、最も「経験」を積んでいるはずだ。経験が多いことで、その企業は経験曲線を作動させるすべての要素──規模の効果、コスト合理化、プロセスの再設計、研究開発による技術改良─から、最も多くのものを得られるはずだとしたのである。[36]

つまり、ある製品の累積生産高が上がると、生産コストが下がる。新しい市場で先駆者となった企業は、素早く生産量を増やせば、競合に対してコスト面で優位に立てるということである。

この仮説は、市場シェアがトップの企業が最も低コストで生産できることになり、したがって価格を最も低く設定でき、コスト優位と価格優位が維持できることを示しており、当時の多くの企業にとって衝撃的であった。

自社の市場シェアは競合と比べてどのくらいか、自社のコストは競合と比べて高いか安いか、コスト優位がないとしたらどのような方法で自社の商品を差別化するのか。つまり、経験曲線によって、戦略革命は企業の考え方に競争を強く意識する姿勢を植え付けはじめたのである。[37]

今日では、企業経営において「競争」に対する意識は高いが、当時1950年代、60年代はそうではなかった。戦略に関する本で、たとえばピーター・ドラッカー（Drucker.P F）、アルフレッド・チャンドラー、イゴール・アンゾフは、競争についてほとんど言及していない。[38]

1980年代までは、BCGをはじめとする戦略コンサルタント会社のクライアントは、大多数が大企業であったため、経験曲線はこれら企業には衝撃的であった。経験曲線の発見のあとには、「新しいおもちゃに魅了された状態」が訪れたと、BCGのコンサルタントであったジョン・クラークソンは振り返っている。[*39]

BCGのコンサルタントたちは、次から次へと産業を選んで、その価格とコストの情報を集め、経験曲線効果が企業の多くの場所で作用していることを発見した。化学薬品、トランジスタ、家電、原油、ティッシュペーパーなど。

その結果、経験曲線を活用して戦略策定をした企業の多くが、シェア拡大のために価格を下げ、いつ果てるともない価格戦争にはまり込んでいったのである。コンサルタントは、それは基本コンセプトを中途半端に活用したためであり、市場セグメントを正確に区分できなかったか、経験曲線の力学が全体的なコスト・システムのどこに当てはまり、どこに当てはまらないかを見極められなかった、と説明するのである。[*40]

1980年代初頭には、学者やジャーナリストは経験曲線の数々の限界を喜び勇んで指摘するようになっていた。[*41]

たとえば、「経験曲線の勾配は産業によって大きく異なり、大多数の企業が期待する15〜25%という勾配から往々にして逸脱する。経験曲線は半導体の場合のように製品の需要が急拡大しているときはうまく機能するが、累積経験が倍増するまでは途方もなく長い時間がかかり、効率の悪さの多くがすでに排除されている成熟産業──ビール、セメントなど──では、戦略の土台として欠陥がある」[*42]などである。

また、経験曲線戦略に縛り付けられると、さらなるコスト低減を求められ、消費者の好みや技術の変化を見過ごす恐れがある。その実例が、ヘンリー・フォードのT型車で、経験曲線という言葉が生まれる前に経験曲線戦略を続け、多様な車種と流線型の車に対する消費者の需要の高まりを見落とし、ゼネラル・モータースに市場シェアトップを譲り渡した。[*43]ＢＣＧが「経験曲線」を編み出した１９６６年頃は、このような状況であった。

そして次につくられたフレームワークが、ＰＰＭである。

１９７０年代の戦略フレームワーク「成長率・市場占有率マトリックス[*44]（ＰＰＭ）」

ＰＰＭは、ＢＣＧがユニオン・カーバイドのために行っていた仕事から生まれ、最初は、シェア・モメンタム・グラフと呼ばれていた。[*45]当該事業が対象としている市場全体の成長率──すべての企業の合計売上の伸び率──を縦軸にとって、当該事業だけの成長率──自社、他社含めて──を横軸にとって、２つの軸のどこに事業が位置するかマッピングする。次に左下から45度の斜線を引き、図を2分する。斜線の左側に位置していれば市場シェアを失っている事業、右側に位置していればシェアを獲得している事業ということになる。

このグラフの、横軸を事業の成長率ではなく、市場シェアに変えたものがＰＰＭ（Product

Portfolio Management）と呼ばれる成長率・市場占有率・マトリックスである。

グラフを4つの象限に分け、それぞれの象限に名前を付けた。

詳しくは後で述べるが、左上の象限は、急成長している市場で大きなシェアを獲得している事業は「花形」、左下の象限は、シェアは高いが市場の成長率は低い事業「金のなる木」、右下の象限は、低成長市場で低シェアの「負け犬」事業とされた。そして右上の象限は、市場の成長率は高いがシェアは低い事業だ。これは最初は「クエスチョン」とされた。つまり競合他社と比べると小さなシェアしかなく、育てるべきかどうか、容易に判断できないからである。

これは後にコンサルタントが「100万ドルのスライド」と呼ぶものになる。[46]企業の戦略状況について多くの情報をクライアントに伝える図になっているので、それだけで100万ドルのコンサルフィーをはらう価値があるというわけである。BCGはそれを発明したのである。

このマトリックスは主に、事業部門の責任者にプレッシャーをかけながら、本社部門の力を強化するプロセスに使われた。アメリカのほとんどの大企業が多角化をしていたので、この商品を使いBCGは容易に顧客開拓できた。[47]

「トップ・マネジメントは、個々の事業部から上がってくる事業計画が非現実的であることはわかっていた。でも、それをどうやって突き返せばよいかがわからないでいた。（中略）このマトリックスを使うことで、君の事業部は今ここの位置にいて、この計画でそれを本当に変えることができるのか、と問い詰めることができる」[*48]

つまり複数の事業を手掛ける大企業のためのフレームワークである。

1970年代は、BCGは一貫してPPMを前面に押し出し続け、同時に改良を加えていく。やがて他のコンサルタンティング会社もBCGのマトリックスの自社バージョンを編み出して、流行に便乗した。それを必要としたのは、多角化を推進している大企業であった。

一方で、PPMとその基盤をなす論理は、単純すぎるとか危険であるとして、とりわけ学者たちから攻撃されることになる。市場シェアは必ずしも低コストや収益性や競争優位と相関関係があるわけではないと、指摘された。企業の事業ポートフォリオのなかだけでキャッシュフローを回さなければならないことはなく、花形事業には社外から資金調達できる、と主張した。また、批判者たちは、低シェア、低成長の事業があたらしい経営陣の下で大きな利益をあげるようになった例を取り上げた。

1980年代には、BCGのようなコンサルタントは戦略策定の手助けをするのはうまいが、戦略を実行する助けにはならないという不満があがるようになる。しかし1970年代末までの戦略革命の初期段階では、実行の中身は「投資と売却の決定」がほとんどであった。つまり戦略は多角化された事業の選択と集中であり、戦略策定のフレームワークは、その判断を手助けするツールであったということである。

ここまでみてきたように、経験曲線ができた1960年代からPPMが多用された1970年代まで、BCGをはじめとするコンサルティング会社はその大多数を占める顧客である大企業のためのフレームワークの開発に心血を注いでいた。そしてそれら大企業の経営課題は、多角化をどのようにコントロールするかということであった。なぜなら、1948年から1973年までの米国資本主義の黄金時代には、経済は年率3・7%のペースで成長し、その先頭に立っているのが大企業であった。

1954年に『フォーチュン』誌がアメリカの大企業トップ500社のリストを発表し始めた。当時心配されていたのは、これらの企業の力があまりに強すぎて、政府のことなどほとんど気にかけず、株主や従業員や組合に対する条件を決定する力をもつ、強力で枠をはめられていない勢力だというイメージである[*49]。米国政府はこれら企業に独占禁止法違反で訴追すると脅しをかけた結果[*50]、成長を続けていた企業に自社の最も得意とする分野とは無関係な事業への多角化を促すことになった。

アンゾフに代表されるプランニング・スクール、ポーターに代表されるポジショニング・スクールが、1960年代から1970年代を中心としており、そこで生まれた戦略フレームワークの目的が多角化をコントロールするためのものであったのは、そのような歴史的背景からである。多角化をしていないほとんどの中小企業にとって、これらのフレームワークが有効でないのは当然のことといえる。

次に、ポーターのフレームワークをみていく。

1980年代の戦略フレームワーク「ファイブ・フォース、基本戦略」[*51]

1969年にHBS（ハーバード・ビジネススクール）のMBAプログラムに入ったポーターはMBAのあと、ビジネス経済学の博士課程に進み、産業組織コースを選択した。[*52] 産業組織経済学は、フォース（競争要因）の作用を表すモデルの世界である。これらのモデルはすべて、最も高い次元では、なぜ一部の産業には競争があり他の産業にはないのか、なぜ一部の産業は他の産業より収益性が高いのかを説明することを目的としている。

産業組織経済学者たちの全体的な結論は、structure（構造）、conduct（行動）、performance（業績）のSCPモデルとして表現されている。あらゆる産業が異なる需給条件に対処する必要があり、この格闘から産業構造が生まれ、その構造がプレーヤーの行動を形づくり、さらにそれが、業績、収益性を決定するという考えである。

ポーターは、特定の産業は競争が激しく他の産業は競争が存在しないのはなぜかを説明する産業組織学の概念的ツールを「逆さまにして」、どのような構造要因が、企業の競争上有利になるように利用できる機会を生み出すかに焦点をあてたツールを作成したのである。

競争戦略を策定する際、最も重要な点は企業をその環境との関係でとらえることであり、その環境の最も重要な面は、その企業のいる業界とその業界の構造であるとした。

彼が提示した分析のフレームワークを説明すると、次のようになる。

フレームワークの出発点は、産業がプレーヤーに利益をもたらし、企業にとってその産業のどこに競争する余地があるかを見極めるために、5つの要因（既存の競争相手、供給業者の交渉力、買い手の交渉力、新規参入企業の脅威、代替品の脅威）を示した。

ポーターが提示するファイブ・フォース・フレームワークには、次のような批判がある。

「静的であり、経験曲線などとは違って、業界の競争状況がどのように進化するかがわからない」、「プレーヤーのポジションがどのように変化するかを予測する手助けにならない」[*53]

これらはコンサルタントからの批判であるが、産業組織論の学者からは、1990年代末の実証研究に基づいて実証できないと批判されている。[*54]

しかし、これらの批判にもかかわらず、ファイブ・フォース・フレームワークは多くのコンサルタント、学生、ビジネス・パーソンに受け入れられている。PPMのような厳密な数値化は不足していたが、「考慮すべき要因の長いリスト」[*55]が付されていたことで、このフレームワークの利用者に徹底的に検討したという満足感を与えたのである。

また、ポーターが提示したものには、もう1つの重要なアイデアがある。基本戦略である。

企業が選択できる戦略は、基本的に3つあると断定した。

1・低コストのリーダーシップ（経験曲線による）

2・製品の差別化（プレミアム価格が通用する）

3・特定市場への集中（ニッチ市場を選んで）

1970年代の半ばから末にかけて、BCGをはじめとしたコンサルティング会社でさえ、経験曲線に基づく低コスト戦略は企業が使える唯一の戦略ではないかもしれないと考えていたが、とりうる戦略の種類をポーターほど明確に区別して提示したものはいなかった。

3つの方向性のうち、少なくとも1つで戦略を策定することができない企業は、戦略で競争低位な状況で、低収益に間違いない。そのような企業は、コストを下げ続けるだけのシェアを確保できないため、低価格を要求する顧客を失うか、より高価格の製品を生み出す他の企業に利幅の大きい顧客を奪われるであろう。

戦略とは選択であり、企業は自社を競合他社と差別化する戦略を選ばなければならないという主張が、その後のポーターの仕事に一貫して流れ続けることになり、「ポジショニング学派」のリーダーという地位を不動のものにした。

ポーターが『競争の戦略』を発表したのは、1980年であるが、それまでの約15年間に戦略の概念と戦略の言葉の両方を企業の人々の意識に押し込んでいたのはBCGをはじめとした

ご購読ありがとうございました。今後の出版企画の参考に
致したいと存じますので、ぜひご意見をお聞かせください。

書籍名

お買い求めの動機

1　書店で見て　2　新聞広告（紙名　　　　　　　　　）
3　書評・新刊紹介（掲載紙名　　　　　　　　　　　）
4　知人・同僚のすすめ　5　上司・先生のすすめ　6　その他

本書の装幀（カバー），デザインなどに関するご感想

1　洒落ていた　2　めだっていた　3　タイトルがよい
4　まあまあ　5　よくない　6　その他（

本書の定価についてご意見をお聞かせください

1　高い　2　安い　3　手ごろ　4　その他（

本書についてご意見をお聞かせください

どんな出版をご希望ですか（著者、テーマなど）

郵便はがき

料金受取人払郵便

牛込局承認

9410

差出有効期間
2021 年 10 月
31 日まで
切手はいりません

162-8790

東京都新宿区矢来町114番地
神楽坂高橋ビル5F

株式会社ビジネス社

愛読者係行

ご住所 〒 TEL:　（　　）　FAX:　（　　）		
フリガナ お名前	年齢	性別 男・女
ご職業	メールアドレスまたはFAX メールまたはFAXによる新刊案内をご希望の方は、ご記入下さい。	
お買い上げ日・書店名 年　月　日	市区 町村	書店

コンサルタントたちであった。経験曲線やPPMなどのツールによって戦略を単純化し、誰よりも早く戦略の構成要素として使い、ポーターのフレームワークに道を開いたのである。

著書を発表して数年後に、ポーターはコンサルティング会社、モニター・カンパニーを設立し、2冊目の著書『競争優位の戦略』を出版し、あらたなフレームワークである「バリューチェーン」を発表する。

しかし1990年代に入り、戦略についての批判が多くでてくる。ポーターを含む戦略論者は人間の側面、すなわち戦略をコンセプトから現実に変える個々の人間の能力や欲求を完全に無視してきたというものである。

ここから、戦略論において、人間に焦点をあてた「ラーニング・スクール」が台頭してくる。

アメリカの大企業御用達の既存フレームワークの問題点

まず、ミンツバーグによる、各スクールに示された戦略フレームワークをみていく。

デザイン・スクールでは、SWOT分析が紹介されている。SWOT分析は、内部環境分析と外部環境分析を組み合わせたフレームワークである。

プランニング・スクールでは、SWOT分析から、時間軸と、組織に沿って、目標・予算・

プログラムに関するプランと詳細に示されている。それらは戦略フレームワークというより、中期計画策定フレームとしたほうが適切であろう。

次にポジショニング・スクールについて、ここでは、ポーターの示した戦略フレームワークが紹介されている。ＰＰＭ（成長率・市場占有率マトリックス）は、製品群のポートフォリオを示すもので、製品群の成長率と市場占有率が軸となっており、製品群のライフサイクルと競合がその戦略要素といえる。

ファイブ・フォースは、業界構造の分析で外部環境分析である。

基本戦略は、コストと差別化による競合分析である。バリューチェーンは、企業活動を、主活動と支援活動に分けて、価値連鎖をマネジメントする、つまり内部環境分析といえる。

アントレプレナー・スクールでは、視点から捉える戦略的思考が紹介されているが、これは、フレームワークというより戦略形成のための思考法であろう。

コグニティブ・スクールでは、戦略的意思決定の並列情報処理モデルが紹介されている。これは戦略形成における、情報処理から共同での意思決定、行動に至るプロセスを示したものである。

ラーニング・スクールでは、企業内起業化のバーゲルマン・プロセス・モデル、知識スパイラル、組織学習のための統合フレームワークが示されている。これらは戦略形成のフレームワークというよりは、戦略形成のプロセスについて述べたものであると考える。

このようにみていくと、デザイン・スクール、プランニング・スクール、ポジショニング・スクールが戦略策定を意図的・計画的に行うための明確なフレームワークを詳細に示している。要素としては、内部環境分析、外部環境分析、競合分析、数値計画、実行計画である。

一方、コグニティブ・スクール、ラーニング・スクールは、戦略形成のプロセス、戦略形成のマネジメントについて述べられており、戦略形成のための明確なフレームワークは示されていない。これは、戦略形成が意図的ではなく、創発的に行われるという主張からであろう。

三谷宏治によれば、「この数十年間の経営戦略史を最も簡潔に語れば、60年代に始まったポジショング派が80年代までは圧倒的で、それ以降はケイパビリティ（組織・ヒト・プロセスなど）派が優勢となります[*56]」という。

これは別の側面では、大テイラー主義ともいわれる「定量的分析」と、大メイヨー主義と仮に名付ける「人間的議論」の戦いという見方もできる。

また三谷は、ポジショニング学派のほとんどは定量的分析や定型的計画プロセスで経営戦略は理解でき解決すると信ずる大テイラー主義だった。「アンゾフ・マトリックス」「SWOT分析」「経験曲線」「成長率・市場占有率マトリックス（PPM）」「ビジネス・システム」「ファイブ・フォース分析」といったお馴染みの分析ツールを生み出した[*57]、という。

また、ウォルター・キーチェル（Kiechel,W.）によれば、マッキンゼーのジョン・スタッキーは2005年に、「戦略に関する思想は過去40年にわたり、コンサルティング会社の内外で着実に前進してきた。もっとも、ここ10年ばかりは大きな前進は見られない。ほとんどのコンサルタントや学者はスタッキーと同じ見方をしているようだ[*58]」という。

つまり、ミンツバーグによるデザイン・スクール、プランニング・スクール、ポジショニング・スクールで示された戦略フレームワークが、いわゆる分析型の戦略形成フレームワークを代表するものであるということができる。

以下に、各フレームワークの問題点について考察する。

SWOT分析の問題点

SWOT分析とは、外部環境である機会や脅威を考慮したうえで、その組織の強みと弱みを評価することである。このフレームワークは非常に有名でわかりやすいため、中小企業の経営者やスタッフにも使いやすいツールである（図2）。

SWOT分析の効用は、主観的な自社の強み、たとえばコア技術、営業手法、開発手法、品質など、こだわりといわれるものを軸に戦略を作成していくことである。これは後のリソースベーストビュー（企業内部の経営資源に競争優位の源泉を求めるアプローチ）のコア・コンピタン

図2

デザイン・スクールの基本モデル（SWOT分析）[＊60]

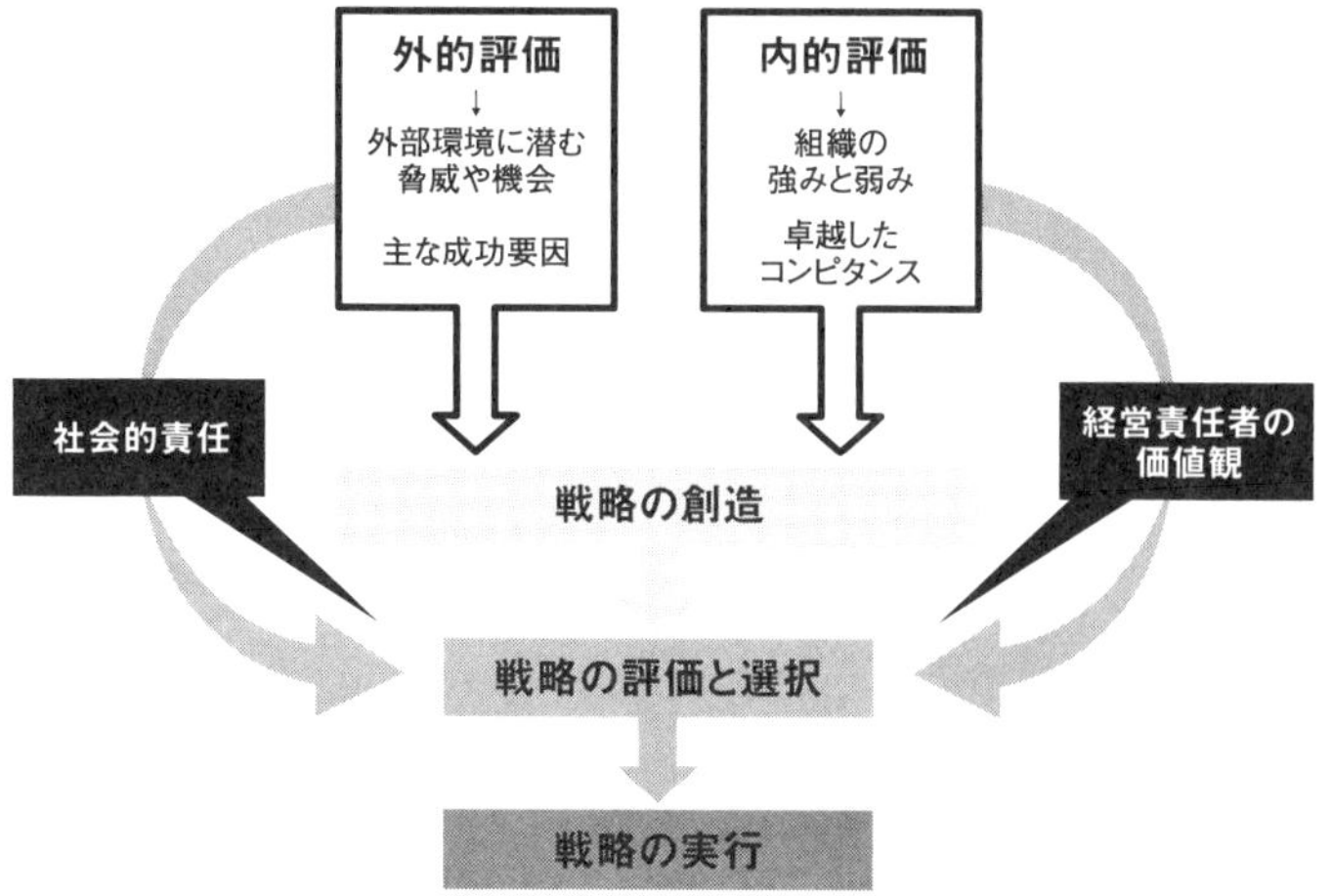

ス経営につながるものであり、自分たちは「強みが何々で、このような外部環境なので、この方針で進もう」といったような、いわば戦略のグランド・コンセプトの作成には有効である。

そして多くのコンサルタントが企業分析に使っているが、一方で戦略作成にはあまり役に立たないことが指摘されている。

ミンツバーグは、「Hill.TとWestbrook.Rが手がけた1997年の調査結果に基づけば、最近では状況がかなり変化してきたことがわかる。調査対象となった50あまりの企業のうち、20社以上が計14社にのぼるコンサルティング会社を使いながら、SWOT分析を取り入れていた。しかし、いずれの企業も、SWOT分析の結果を後の戦略プロセスに活用していなかった。この調査結果の報告書は『SWOT分析：リコールをかけるときがやってきた！』とまで題されている」[*59]と述べている。

ＳＷＯＴ分析をすることで、コンサルタントまたはその分析に関わった参加者は強み・弱み・機会・脅威の４つの象限の重要な要素についての認識が共有されるという大きなメリットがある。しかしその認識は、あくまで参加者の主観の総和、協議の結果で、客観的に証明されたものではない。

また、４つの象限を構成する戦略要素についての決まりがないため、具体的に使える戦略の作成、つまり戦略の構成要素、どの商品をどの販路でどのように販促をして誰に提供するか、そして競合はどこか、また数値計画に連動しているかなどを考えるには不十分であるといえる。

アンゾフの成長ベクトルの問題点

『企業戦略論』のなかで表されているが、成長ベクトルは、縦軸に上から既存市場・新市場、横軸に左から既存製品・新製品を示している（図３）。

このマトリックスで成長の方向性が示される。つまり既存市場・既存製品による市場浸透、新市場・既存製品による市場開拓、既存市場・新製品による製品開発、新市場・新製品による多角化の４つの方向性である。これは、成長可能領域の切り分けの概念化ということで、わかりやすいフレームワークであると考える。

図3

成長ベクトルの構成要素[*61]

製品 / 市場(ニーズ)	既存製品	新製品
既存市場	市場浸透戦略	製品開発戦略
新市場	市場開拓戦略	多角化戦略

このフレームワークでは、自社の製品―市場の方向性分析のみで、マクロの外部環境分析、競合分析の要素がない。また前述のSWOT分析と同様、戦略のグランド・コンセプトには役に立つが、具体的にどの商品を、どこの市場に、どのような方法で展開するといった戦略作成には役に立たないと考える。

成長率・市場占有率マトリックス(PPM)の問題点

PPMは、1963年、BCG(ボストン・コンサルティング・グループ)を創設したブルース・ヘンダーソンが開発した有名なフレームワークであるが、これはプロダクト・ライフ・サイクル・セオリー(PLC)を前提としている。

PLCは、ハーバード・ビジネス・スクール教授のレイモンド・ヴァーノンによって1966年に発表されたものだ。商品・サービスの発売から撤退までを導入期、成長期、成熟期、衰退期の4つの時期に分けて、それぞれの時期で対応する戦略を変えるというものである。

商品には寿命があり、その時期に応じた考え方をするのはわかりやすく、マーケティング戦略作成のフレームワークとして使われている。

しかし問題は、自社の商品がＰＬＣのどの段階かが判断しにくいことである。売上の成長率によって段階を決める定量的な基準がなく、あくまで勘で決めなければならない。導入期のあと、競合が参入してきて成長期になり市場が拡大していくが、どの段階から成熟期・衰退期になるかの判断が困難である。また衰退期にある商品が、環境変化で突然成長することもある。正確に段階が判断できるのは、その商品の寿命が終わってからということになり、実際の戦略フレームワークとしては機能しないと考える。

この曖昧なＰＬＣを縦軸にして、横軸に市場占有率を示したフレームワークが、プロダクト・ポートフォリオ・マネジメント（ＰＰＭ）である（図４）。

ここでいうプロダクトは製品ではなく事業であり、多角化している大企業のキャッシュ投入基準のためのフレームワークである。つまり、このフレームワークは、そもそも多角化企業が各ビジネスに対して、どのように資金を割り当てるかを考えるポートフォリオである。

上記２軸をそれぞれ高低に二分し、４つの象限が設定されている。市場占有率・低×成長度・低が負け犬、市場占有率・低×成長率・高が問題児、市場占有率・高×成長率・高は花形、市

図4

BCGによる成長率・市場占有率マトリックス（PPM）[62]

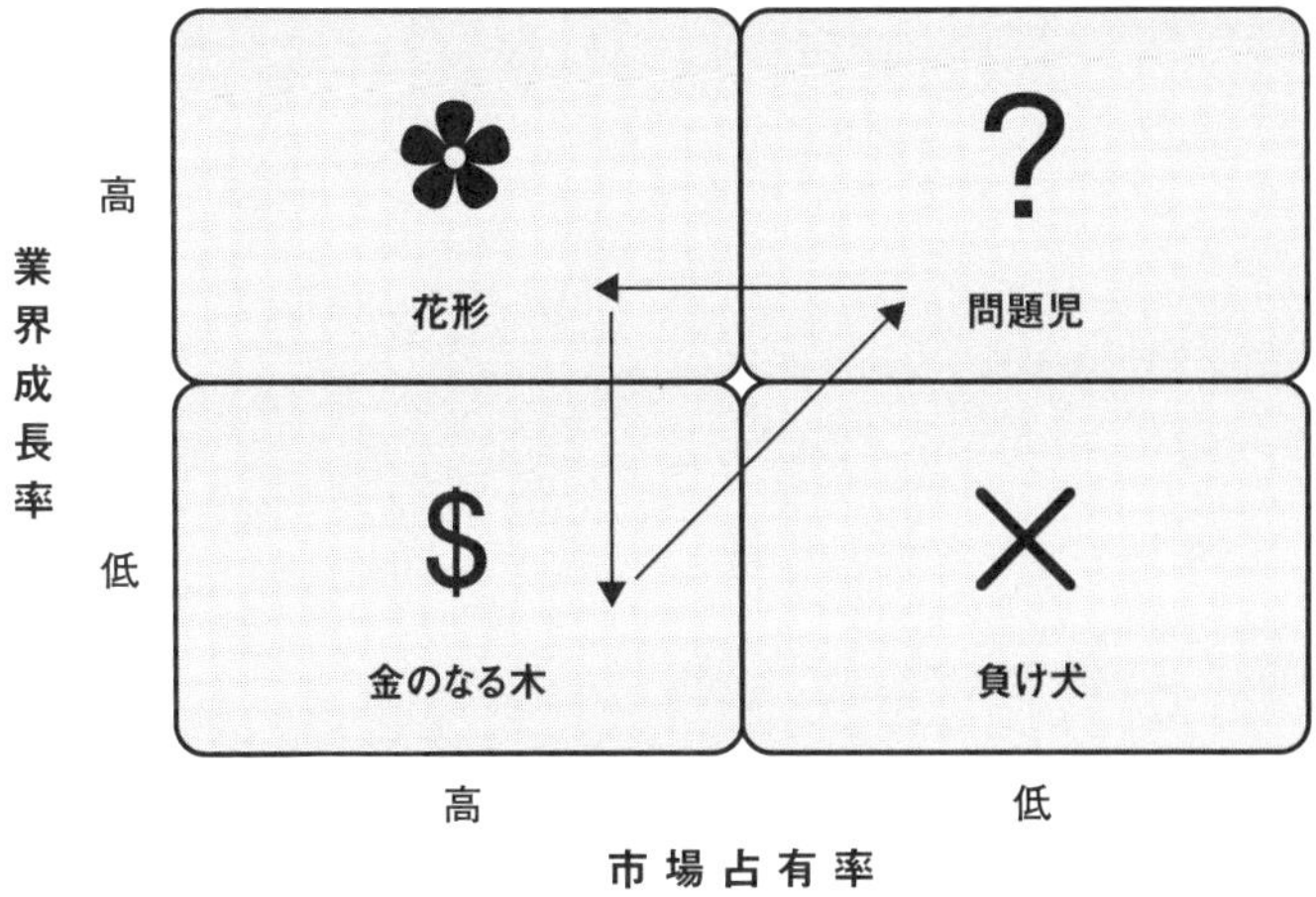

場占有率・高×成長率・低が金のなる木、となっている。

各象限の事業における資金の必要性・供給がどのようになるかについて、一般的に問題児はPLCでは導入期か成長期であるため、設備投資などの資金が必要であり、金のなる木は衰退期なので、設備投資や広告は不要でキャッシュフローはプラスになる。つまり、このフレームワークでは、金のなる木事業のキャッシュを問題児事業に回して花形事業を育てろ、という多角化を前提にした事業の入れ替え戦略であるといえる。

このように、PPMは複数の事業をもつ多角化された大企業のためのフレームワークであり、またフレームワークとしての問題点として、2軸の高い・低いかの明確な絶対的基準がなく、相対的、主観的である。

つまりPLCの段階が曖昧なうえ、市場占有率のデータは中小企業にとっては入手困難なデータである。加えて、戦略フレームワークの条件である、競合に対して優位なポジションを示す具体的な考察が不可能である。

ファイブ・フォース分析（5つの競争要因）の問題点

ファイブ・フォース分析とは、業界の収益性を決める5つの競争要因から、業界の構造分析を行う手法のことで、ポーターが『競争の戦略』で著したものである。

「供給企業の交渉力」「買い手の交渉力」「競争企業間の敵対関係」という3つの内的要因と、「新規参入業者の脅威」「代替品の脅威」の2つの外的要因、計5つの要因から業界全体の魅力度を測る（図5）。つまり、業界内の力学を分析して、競争優位なポジションを獲得するための戦略を立案するものである。

ポーターは、産業分析・産業構造の専門家であるが、『競争の戦略』を著した1970年代は、業界の構造が現在に比べて固定的であった。ゆえに「産業構造」「業界分析」などが他の分析に比べて重要であり、ファイブ・フォース分析にも意味があったといえる。

しかし、「業種」で競争相手を考えることの意味が、発表当時とは大幅に異なっている。そ

図5

ファイブ・フォース分析（5つの競争要因）*63

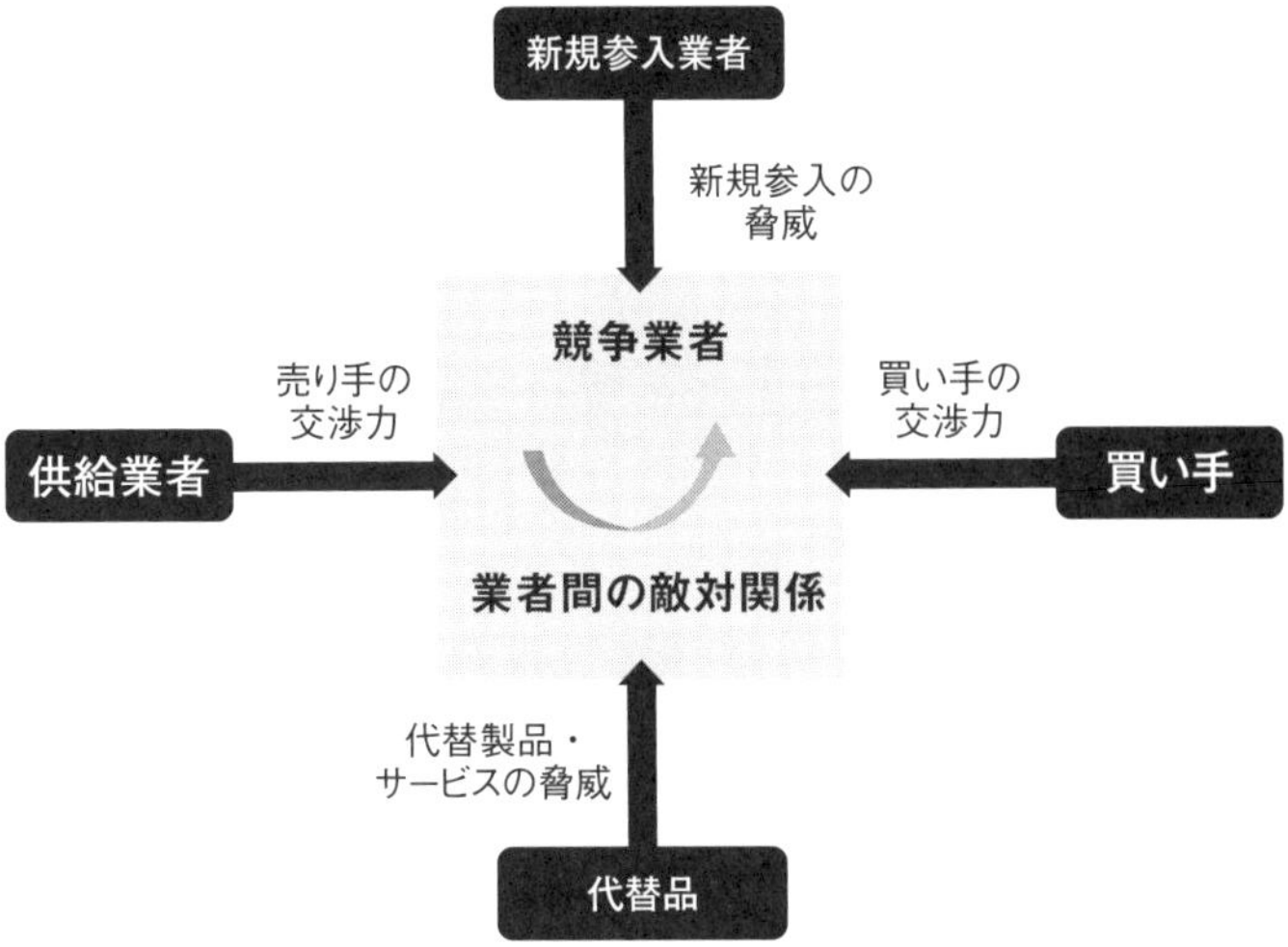

の背景は、顧客の購買行動の多様化、選択肢の増加である。ファイブ・フォースは、「業種の存在」を前提としており、「どのような業種・業態・競合構造があるか」は教えてくれない。

　以上のことから、このフレームワークも大企業が多角化するために、どの業種を選べばよいかということを分析するものといえ、ほとんどの中小企業の経営者にとっては、「この業界が厳しいことは、そんな分析をしなくともわかっている。また分析結果に基づいて競争度の低い業界へ参入することは全く非現実的である」となる。さらに、違う視点でいえば、競争度の低い業界を分析して多角化の指標にしようということであるが、そもそも自社の強みが活かせる業界かどうかは問われていないため、戦略作成フレームワークとしては、幅の狭いものといわねばならない。

また、中小企業の経営者をはじめ従業員にも理解できるわかりやすさという視点で見れば、買い手・売り手について、この要素は、買い手・売り手の脅威であり、言い換えれば、仕入先、顧客がどのようなリスクになりうるかということで、難解である。また新規参入者・代替品の要素も、予測困難であり、わかりにくい。

3つの基本戦略の問題点

ポーターが『競争の戦略』で表している競争戦略セオリーは、コスト・リーダーシップ、差別化戦略、集中戦略の3つの基本戦略からなる（図6）。

ここでポーターは有効市場域をグラフ上の四角で表した。つまり縦軸を価格、横軸を機能として、市場に流通している商品をみて、縦軸で有効価格帯、横軸で有効機能帯として、その2つで仕切られる四角を有効市場帯とした。そしてその四角のなかの左下の角と右上の角を結んだ右上がりの直線をポーター直線として、市場域で形成される価格はこの直線に沿って分布するとした。つまり、機能が上がれば価格が上がるということである。

そして、基本戦略について、コスト・リーダーシップはポーターの四角の左下の角のポジシ

図6

ポーターの3つの基本戦略[*64]

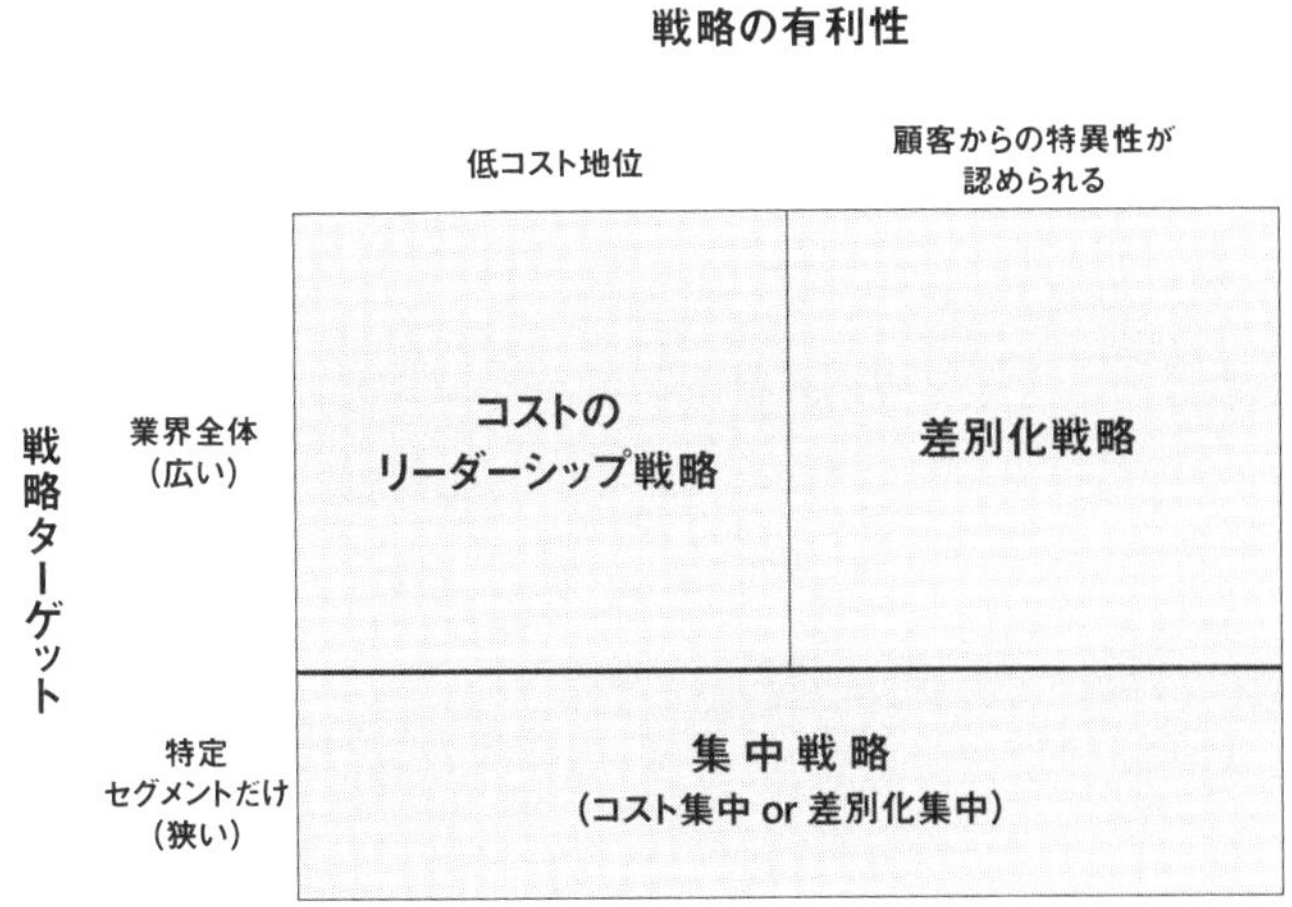

ョンをとることであり、差別化戦略は右上の角のポジションをとることである。また集中戦略は先の2つの戦略のどちらかに特化せよ、というものである。

これらが基本戦略の概要であるが、あまりに単純なフレームワークで、実際の競争では、機能と価格が高い商品では勝てずに、機能が高く価格が低い商品の開発競争になっており、そのためにどのような戦略をとるべきかがこのフレームワークでは判断できない。

中小企業の視点からいえば、一般的にコスト・リーダーシップ（プライス・リーダーシップ）は大企業との価格競争では勝ち目がないため、差別化戦略の集中戦略となる。つまり商品開発で差別化をはかる戦略となる。このフレームワークも戦略のグランド・コンセプトのみにしか機能しないと考える。

バリュー・チェーンの問題点

バリュー・チェーンは、企業活動を主活動と支援活動に分けて、価値連鎖をマネジメントするフレームワークである（図7）。

主活動は、製品が顧客に届くまでの流れと直接関係する。これは、購買物流（入庫、在庫、管理）、製造（加工、組み立て）、出荷物流（受注処理、物流）、販売・マーケティング、そしてサービス（設置、補修）である。

支援活動は、主活動を支えるものであり、調達活動、技術開発、人事労務管理、そして、企業のインフラストラクチャー（全般管理）である。自社や競合他社など分析対象となる企業が実施している、さまざまな活動を機能別に分類し、レイヤーごとに強みや弱みを明確にしていくことによって、重要度の高い課題の洗い出しや競争優位性を効果的に高める差別化戦略の構築を実現させる分析方法である。

内部環境分析と競合分析の要素を組み合わせたものであるが、中小企業の場合、内部環境分析として、どの要素に強みがあるのか、競合と比較して、どの分野が強いのかという分析は、場合によっては必要である。

図7

ポーターのバリュー・チェーン（価値連鎖）の基本形[*65]

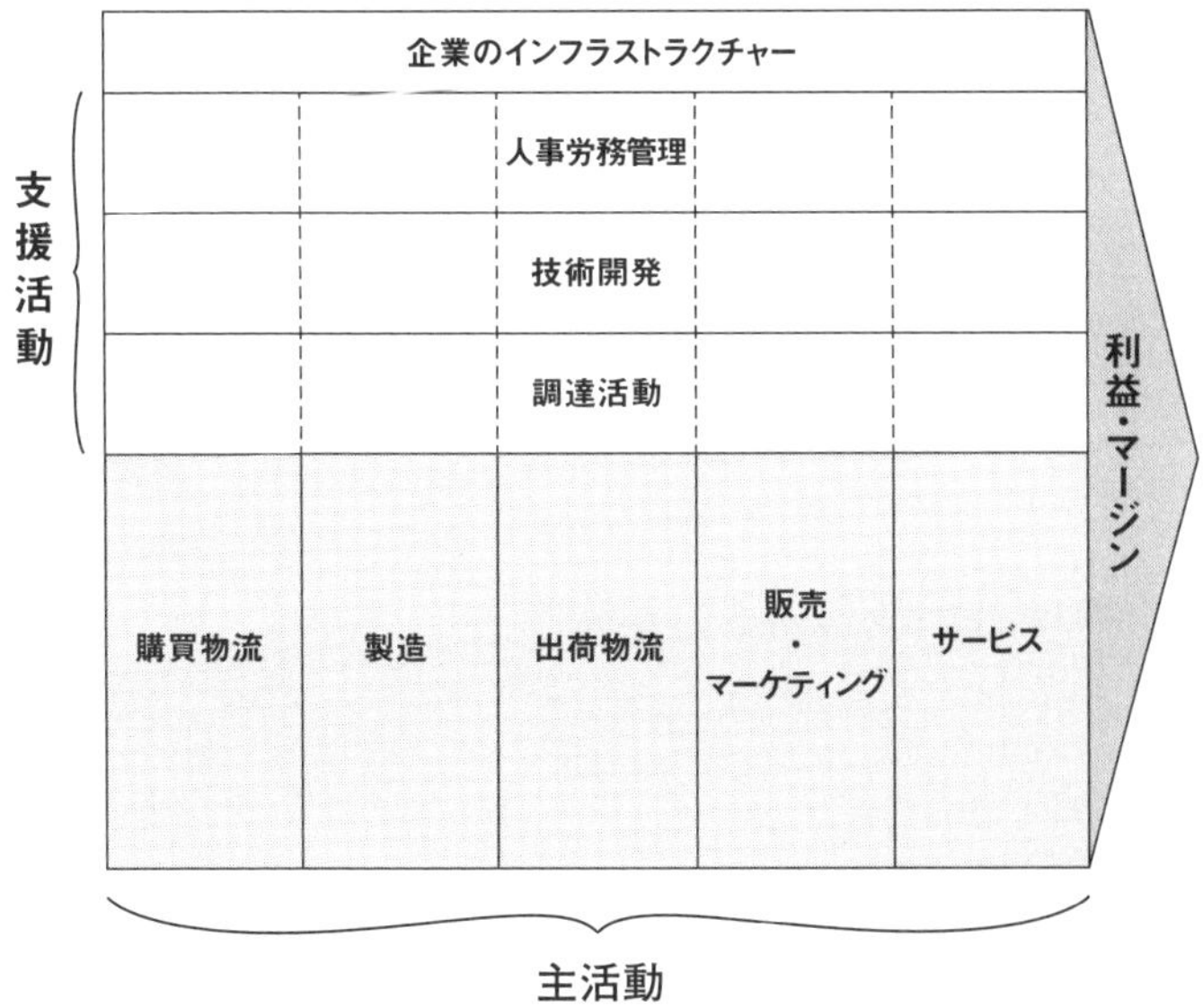

しかし本来の目的である、価値連鎖という概念がわかりにくく、またそれぞれの要素ごとの価値を計測することが困難な場合がほとんどであり、競合のデータ取得も困難である。

戦略と戦略フレームワークが策定通りにうまくいかない理由

戦略についての3つの誤解

ここまで、「戦略形成」と「戦略フレームワーク」について、そもそもの成り立ちからみてきた。このように形式化されて、主にアメリカで有力なものとされていたものが、なぜ日本では根付かなかったのか、浸透しなかったのか、改めて分析していく。

戦略を組んでも、策定通りにうまくいかないということが、往々にしてあるのではないだろうか？

戦略策定をするにあたり、誤って信じられていることがある。

この誤りが、経営を混乱させて間違った方向にミスリードする要因になっている。

その誤りとは主に、「予測することは可能である」「戦略策定者は現場と別世界で存在できる」

「戦略策定プロセスは定型化すべきである」の3つの要因である。

◆誤解1　予測することは可能である

優秀なMBAやコンサルタントは科学的な手法を駆使してデータ分析を行い、そして予測し、「結果はこうなるはずだ」と宣言する。しかし本当にそうなのだろうか？　もしそんなことができるなら、「頭の良い優秀な人材がいる企業に失敗はないはず」である。

イゴール・アンゾフは『企業戦略論』の中で次のように書いている。

「プラス・マイナス20％程度の正確さで予測を立てることのできる期間を取り扱うことにしよう。すなわち、計画を立てるための限界期間、これは3年から10年ぐらいまでで、近接期間と呼ぶことにする[*66]」

このように記されているが、世界中のどこにも、これだけの確度で予測できる企業など存在しない。季節や気温のような、ある程度繰り返されるものは予測可能であろうが、技術イノベーション、大衆の心理、価格変動など非連続的な変化は予測不可能である。

企業は、未来の需要予測、また競合企業の動きを100％予測することはできない。予測が可能だと誤解しているままでは、戦略は策定通りにいかない。

◆誤解2　戦略策定者は現場と別世界で存在できる

「経営企画室的な戦略策定を専門とするチームが現場から切り離されて存在しても、それがうまく機能するのか？」

これは米国型マネジメントに多く見られる体制だ。アメリカの経営思想家であるマリアン・ジェリネク（Jelinek,M.）は、『Institutionalizing Innovation』で次のように述べている。

管理システムは、人間性の影響を排除して標準化を図るべきである。よって、経営陣は現場から離れて存在し、現場の微細までに関わることはない。つまり、企画と実行、立案者と実行者を切り離す、戦略策定者を現場から切り離すべきだということになる。現場の情報は、間接的、定期的に戦略策定者に届けられ、その情報に基づき、戦略が策定されるシステムである。[*67]

しかし、業務プロセスは、プランニングされる前に、それ自体について熟知されなければならない。つまり、業務プロセス、仕事の流れを知っているということは、その仕事の経験があることで、さらにいえば、今起こっていることを知っていることになり、たとえ経験者であっても、現場から離れていては、計画立案などできないということである。現場から離れて得られる情報は、市場レポート、財務諸表、諸々の報告書など定型的なもので、「生きた情報ではない」。成功している経営者ほど、現場に足を運ぶことに熱心であるのはそのためである。

◆誤解3　戦略策定プロセスは定型化すべきである

定型化とは、分析から始まり、最終的な行動に至るまでの合理的、論理的かつ連続的に処理されることである。

一見、良いことのように思えるが、実際の仕事では思いもよらないことが起きる。競合が、対抗策を打ってきたり、予想以上に気温が高かったり低かったり、どこかの国の財政が破綻するという噂が広がって円が急上昇したり……。

これらの出来事を臨機応変に、総合的に戦略に反映させることは、定型化されたシステムでは困難である。むしろ定型化させないほうが良いといえる。非連続的な変化を予測したり、現場と離れている経営陣に的確な情報を与えたり、斬新な戦略を創造することは、定型的な方法からは不可能である。

このように、まず、これらの誤解を持たないことから始めなければ、戦略は策定通りには進まない。

そのため、「予測は100％ではない。予測どおりいかないことも想定しておく」、「戦略は現場を見て、現場でつくる」、「戦略策定プロセスは定型化せず、柔軟に対応できるようにしておく」ことを、前提としていただきたい。

経営は論理だけではできない

経営学者である野中郁次郎によると、**日本企業がバブル崩壊後活力を失ったのは、アメリカ発の科学的アプローチに偏りすぎたことが原因**であると述べている。

米国型のマネジメントは形式知をベースとして、科学的アプローチを重視している。形式知とは、言葉、数値で表すことができ、明示的なデータや手法、マニュアルなどの形で伝達共有できる。

しかし、こうした分析や計画から出発する戦略論など、形式知による科学的アプローチには限界がある。その理由は次の3点に集約できる。

第1に、形式知的なアプローチにおいては、経験や五感から直接得られる無意識や言語化が難しい「暗黙知」は重視されない。暗黙知とは、いわば「いま、ここ、わたしだけ」が経験している全人格的な知識（パーソナルナレッジ）であり、現場の文脈に深く依存する。信念やものの見方、価値観といった無形の要素を含んでおり、主観から新たな意味づけ、価値づけが行われるのである。つまり、暗黙知から出発しなければ、新たな知識を創造することはできない。

第2に、科学的アプローチはトップダウンの経営手法が中心であり、組織の構成員が持つ大量の暗黙知が、自律分散的に活用されることを想定していない。そうなると、フロントの現場で現実・現物に直面している組織メンバーの知識が生かされることなく、組織は硬直し、環境変化に機動的に対応できなくなってしまう。

第3に、形式的な数字ばかりを意識してしまうと、カイゼン思考に陥り、本来の競争力の源泉である新たな付加価値をもたらす飛躍的な発想が生まれず、創造的なイノベーションが起こせなくなってしまう。[*68]

このような**米国型マネジメントに偏りすぎた日本企業は、オーバープランニング、オーバーアナリシス、オーバーコンプライアンスという「3つの過剰」に陥った**といえる。

経営において、「計画」「分析」「法令順守」はすべて必要な要素だが、日本企業はこれらを忠実に行い過ぎたのではないだろうか。

野中は、日本企業が復活するためには、時代を発展させる新たな知識を組織的に創造していく必要があるという。そのためには、形式知の科学的アプローチと「暗黙知」的アプローチが必要であるとしている。[*69] それは、自分自身が直接体験している生き生きした多様な感覚に起点を発している。

現実世界で眼の前で起きたことに対する体験や経験は、その瞬間や背景、文脈、人によっては見え方や感じ方が違う。その主観的な感覚や想いの違いを言葉にすることから出発して言葉を「物語り」として複数で共有し、組織知として形式知を創造し、実践を通じて組織内の複数人の身体知としての暗黙知に落とし込んでいくのである。

このような知識創造を組織的に行うプロセスとして考え出されたのが、「ＳＥＣＩ（セキ）モデル」だ。ＳＥＣＩモデルは４モードで構成される。

第１のモード（暗黙知→暗黙知）：絶えず変化する世界で、ありのままに現実を感知したり、感情移入し、相手の視点に立ったり、共感から自己の視野に入れて同感したりする「共同化」。

第２のモード（暗黙知→形式知）：対話を通じて本質をつかんだり、たとえや仮説で概念化したりする「表出化」。

第３のモード（形式知→形式知）：関連概念を整合的につなげたり、組み合わせ、編集し、理論、物語り、数値に体系化したりしてさらに大きな組織知を生み出す「連結化」。

第４のモード（形式知→暗黙知）：状況に応じて、理論や物語りを実践し、身体化したり、新たな理論や物語りを創造するために試行錯誤したりして、組織の知を個人に落とし込む「内面化」。

つまり、組織的知識創造プロセスにおいて重要なのは、共感や直感が起きる「共同化」であり、それが組織的な知識創造の出発点になる。

しかし、前述の3つの過剰は、「冗長性」を極端に奪い去り、組織構成員から「共同化」を行うための「場」や「時間」を奪い去ったのだ。

ミンツバーグが主張するエマージェント戦略は、本来、ポーターの「日本企業には戦略がない。オペレーショナルに過ぎない。明確なポジショニングを開発している日本企業は皆無に等しい」[*70]というコメントに対する批判から始まっている。そうであるなら、多くの日本企業が米国市場に進出し、一方で、米国企業が日本企業に対して苦戦していることを説明できないからだ。

日本企業は、事前の戦略と米国市場のギャップを、現場の創意工夫によって克服してきた。ミンツバーグは、このような日本企業の環境変化に対する現場での組織学習を「組織化する経営」と評価した。

特に、中小企業経営の視点からは、企業規模が小さく戦略策定者が現場と近く、定型化された中長期の戦略策定プロセスよりも柔軟な短期でスピードある現場カイゼンが重要視されることから、エマージェント戦略が、中小企業に適していると考える。

戦略は意図的に分析・立案のプロセスを経て計画されるのか、または自然発生的に成り行きで、創発的に形成されるのか、つまり戦略の理論と実践という視点で考察していく。

中小企業が既存のフレームワークを使えない理由

前述したように、主な戦略フレームワークが開発された歴史的背景は、1948年から1973年まで米国資本主義の黄金時代であり、大企業は力が余りに強すぎて「政府のことなどほとんど気にかけず、株主や従業員や組合に対する条件を決定する力をもつ、強力で枠をはめられていない勢力」[*71]だというイメージだった。

その結果、米国政府はこれら企業に独占禁止法違反で訴追すると脅しをかけたことで[*72]、自社の最も得意とする分野とは無関係な事業への多角化を促した。そして、当時BCGをはじめとする戦略コンサルタント会社のクライアントは、大多数が大企業であったたため、大企業向けの、特に多角化をコントロールするための戦略フレームワークが研究され、開発されていったのである。

戦略計画作業において重視された点は、しばしばコンサルティング会社によって開発されてはいたが、その技法も、業界全体の視野に立つというよりも、多角化企業のためのものだった。[*73]

戦略策定の難解さについて、ポーター（Porter.M.E.）が次のように述べている。

「この本は、中身が濃いため、述べられている原理をマスターするには綿密な思考と勉強が必要だ。決して一晩でのみ込むことなどできない。1つの業界および競争業者を理解するに要する情報はたいへんな量になるだけではなく、それらの情報の分析には、判断と創造的思考が必要だ。

だから、この本に書かれているコンセプトを身に付け、それを実務に生かすには、時間をかけて勉強するしかない。競争というものは複雑な主題のため、手っ取り早く理解しようとすると、いい加減なところで満足してしまうだけでなく、マトはずれの戦略を策定することになりかねない[*74]」

また、戦略策定に要するデータについては、次のように述べている。

「この本を読んでいただくとすぐに明らかになる点は、業界およびそこで競争する同業者を包括的に分析するためには、膨大な量のデータが必要だということである。データのなかには、収集に手がかかり収集しがたいものがある。この本の狙いは、どんなデータがどんな場合に不可欠であり、それをどのように分析できるかのフレームワークを読者に提供することである[*75]」

戦略策定をする主体者については、次のように述べている。

「この本は、実務家、すなわち事業成績の向上に努める経営者、経営者のための助言者、経営者養成学校の教師、事業の成功または失敗の原因をつかみ、それを予見しようとしている証券アナリストその他の情報観察者、あるいは独禁法関連政策をつくるために競争状態を理解しようとしている政府高官のために書かれている[*76]」

また、戦略策定の難解さと労力、主体者についてアンゾフも述べている。

このような戦略形成につながる一連の意思決定の流れは複雑なものであり、しかもそれにまつわる多くの研究も必要だということや、またきわめて時間のかかるものである。たとえば、ある1つの企業についてこのような完全な研究を行うのに、5ないし6マン・イヤー（人年）を費やし、コストも10万ドルから20万ドルを要したことがある。*77

意思決定を迫られている実際の管理者のための本だといってよい。すなわち、取締役会長をはじめ、取締役の人たち、社長、経理部長、さらに、このような人たちに直属している開発および計画関係のスタッフといった人たちのためのものである。*78

「プランニング・スクール、ポジショニング・スクールが提示した戦略フレームワークは、「難解」で大変な勉強が必要であり、かつ「膨大なデータ」が必要である。

そして戦略策定の主体は、実務家、経営者、学者やアナリストである。つまり、これら戦略フレームワークの特徴は、トップダウン分析型であるということだ。トップと現場が切り離され、トップ、またはトップに近いスタッフが戦略形成の主体となる。その戦略は膨大なデータを分析することが重要視される。

このように大企業向けに開発された既存の戦略フレームワークは、中小企業、特に小規模企業には不向きである。その理由は、第1に、プロセスに膨大な手間とデータが必要で、経営トップに近い専門のスタッフ部門が必要なこと。第2に、難解であり、経営学を専門に学習したスタッフが必要なこと。第3に、多くのフレームワークが大企業の多角化事業をコントロールするためのものであるためだ。

コンサルタントが役に立たないのはなぜか

筆者の素朴な疑問の1つが解消された。経営者として戦略に悩んだとき、身近なコンサルタントが、「経営の教科書に書いてある」ことを説明してくれた。しかし、それはいまひとつピンとこず、わかりにくく、また喫緊の経営課題の解決につながらなかった。要するに役に立たなかったわけである。そして、自身がコンサルタントになり、経営学の勉強をすればその道具を使いこなせると思ったが、残念ながら、中小企業には不向きであった。

筆者のモットーにしていることは「わかりやすさ」である。経営学を勉強したことがない経営者や従業員が理解できないことはいわないことにしている。この姿勢で戦略を分析・立案しようとすると、難解な言葉が多い既存の戦略フレームワークが使えないことになる。

一般的に、コンサルタントは難しい専門的な言葉を使うと思われているが、これは決して悪気があるわけでなく、経営学における戦略フレームワークが難しいのである。コンサルタントが理解できても、中小企業の人たちにはわからない言葉が多い。そのような言葉を聞いただけで、拒否反応が出て、コンサルタントとの距離ができる。

戦略はトップがつくるのだから、少なくともトップに説明して、従業員はその必要がない、という考えは間違っている。

現場から離れたトップダウン型の戦略論が機能しないことは、過去の研究で明らかにされている。特に、日本の経営風土では、ボトムアップ型が有効に機能するといわれており、戦略は現場が一緒になってつくることが求められる。

第3章

エマージェント経営の戦略フレームワーク「セブンエレメンツモデル」

エマージェント戦略の具現化モデル――リーン・スタートアップ

経営における理論と実践の関係

いよいよ具体的に、エマージェント戦略を立てていく方法を述べていく。

この章では、基礎となる分析アプローチ法、そして、中小企業に適応しやすいマネジメント手法であるリーン・スタートアップについて述べ、そのあと、エマージェント経営の戦略フレームとなる「セブンエレメンツモデル」について記していく。

まずは、経営の理論と実践の関係を明らかにしていきたい。

つまり、「理論的にこうすべきだ」という視点と、「何ができるか」という実行の視点である。

エフェクチュエーションとコーゼーションのアプローチ

よくあるケースであるが、コンサルタントが企業の分析を行い、戦略立案を理論的に行って、こうあるべきだという話をしても、当事者の社長は他人事のように感じる。また、現場と課題解決ミーティングを行っても、理想的な、いわゆる「べき論」ばかりが出てくる。このような問題にどう取り組むかという視点である。

そこで、まずは起業家たちが、どのように分析を行って、どう実行に向けて進めているのかを見ていこう。よく用いられるのは、エフェクチュエーション（手段ありき）のアプローチと、コーゼーション（目的ありき）のアプローチだ。

この2つのアプローチの違いについて、インド人経営学者であるサラス・サラスバシー（Sarasvathy S.D.）は、次のように述べている。

「エフェクチュエーション」は「コーゼーション」の反意語である。

コーゼーションに基づくモデルは、あらかじめ選択した〝目的〟を設定し、その目的を実現するために、既存の手段の中から選択するか、新しい手段をつくり出すかを決定する。

他方、エフェクチュエーションに基づくモデルは、〝手段〟からスタートする。予測をもとにしない戦略を用いて、新しい目的を創りだそうとする。

エフェクチュエーションは、通常の「手段と目的」、「予測とコントロール」の関係を逆転させるだけでなく、「組織と環境」、「部分と全体」、「主観と客観」、「個人と社会」など、他の伝統的な関係性をも再編する。特に、こうした関係性を、決定の問題から、設計の問題へと変化させるのである。[*1]

また、このようにも述べている。

コーゼーションに基づく戦略は、未来が予想でき、目標が明確で、環境が我々の活動から独立している場合に有効である。

エフェクチュエーションに基づく戦略は、未来が予測不能で、目標が不明瞭で、環境が人間の活動によって駆動される場合に有効である。

コーゼーションの立場の人は、求める結果からスタートして、「これを達成するためには何をすればよいか」を問う。一方、エフェクチュエーションの立場の人は、「手段」からスタートし、「これらの手段を使って、何ができるだろうか」と問いかける。

このように、コーゼーションをアプローチ、エフェクチュエーションを創発型のアプローチとして峻別している。[*2]

では、実際に起業家たちは、どのような分析的アプローチをしているのだろうか。

サラスバシー（Sarasvathy S.D.）は、エフェクチュエーションについて、アントレプレナー・

シップを研究課題とした。

つまり、スタートアップ企業に対して、典型的な10の意思決定についての問題群を作成して、熟達した27名の起業家に、その問題を出す。そして、問題に対したときに浮かんだことを継続的に言葉にしてもらう。このシンクアラウド法による発話は、録音データとして収集され、それを文字に起こしたものが研究の一次データとなった。

次に、何をどのように発見したかについて、定性的な分析を行う。データから直接明らかになった「起業家の熟達」の要素について概要を述べられ、次に、その解釈について考察している。

起業家熟達のプロセス要素[*3]

・熟達した起業家は、「自分が誰であるのか」、「何を知っているのか」、「誰を知っているのか」からスタートして、すぐに行動を起こし、他の人々と相互作用をしようとする。
・彼らは、自分ができることにフォーカスして実行する。何をすべきかについては、思い悩むことはしない。
・彼らが交流する人々の一部は、自発的にそのベンチャーにコミットして、プロセスに参画する。

・上記のコミットメントの1つひとつは、新しい手段と目的をそのベンチャーにもたらす。
・ネットワークの拡大で資源が蓄積されるにつれ、制約条件が付いてまわるようになる。その制約条件は、将来の目的変更の可能性を減じ、誰が関与者のネットワークに入ってよいか、よくないかを制限する。
・関与者が増えるプロセスが時期尚早に停止しない限りは、ゴールやネットワークは、新しい市場や企業へと同時発生的に収束する。

つまり、起業家は、まず自分の持っている能力、資産、シーズ（顧客の求めるニーズに対して、企業が新しく開発、提供する特別の技術や材料のこと）を重視する。ここから目標に向かって行動をはじめ、その行動する中で同時に目標も変化させるというのである。

まさにこれは創発戦略的なプロセスである。

経験的には、**起業家は、コーゼーションとエフェクチュエーションの双方のアプローチを、さまざまに組み合わせながら用いている**。

どのようなモードが好まれ、用いられるかは、起業家の熟達の度合い、企業がそのライフサイクルのどの段階にいるかに関連する。しかしながら、理論的には、この2つのアプローチを厳密に2分法として分析することは、理にかなっている。

コーゼーションとエフェクチュエーションの統合的理解

次に、具体的にそれぞれのプロセスを見ていこう。

エフェクチュエーションのプロセスと、現在主流になっているマーケティングの教科書に用いられている「セグメンテーション―ターゲティング―ポジショニング」（コーゼーション）を対比させたものが、図8である。

エフェクチュエーション（手段ありき）のモデルでは、意思決定者は、あらかじめ決められた結果や市場からスタートしない。その代わりに「可能な手段を定義すること」からスタートして、次に、偶発性を伴うやり方で、いくつかの可能な結果から選択するのである。

対して、コーゼーション（目的ありき）の教科書的なマーケティング・プロセスは、こうだ。まず製品が対象とするすべての顧客を含む「市場を定義すること」からスタートする。そして、定義された市場の「情報」が、フォーカスグループやサーベイなどのテクニックを用いて収集される。

次に、市場における潜在的な売上について戦略的評価を行い、これに基づいて、ひとつないし複数のセグメントがターゲットとして設定される。

最後に、競合分析に基づいて、資源と技術の制約条件を反映した最適なやり方で、ターゲット・セグメントにおける、その製品のポジショニングが定義される。

図8

マーケティングにおける「教科書的モデル（コーゼーション）とエフェクチュエーション」の比較[*4]

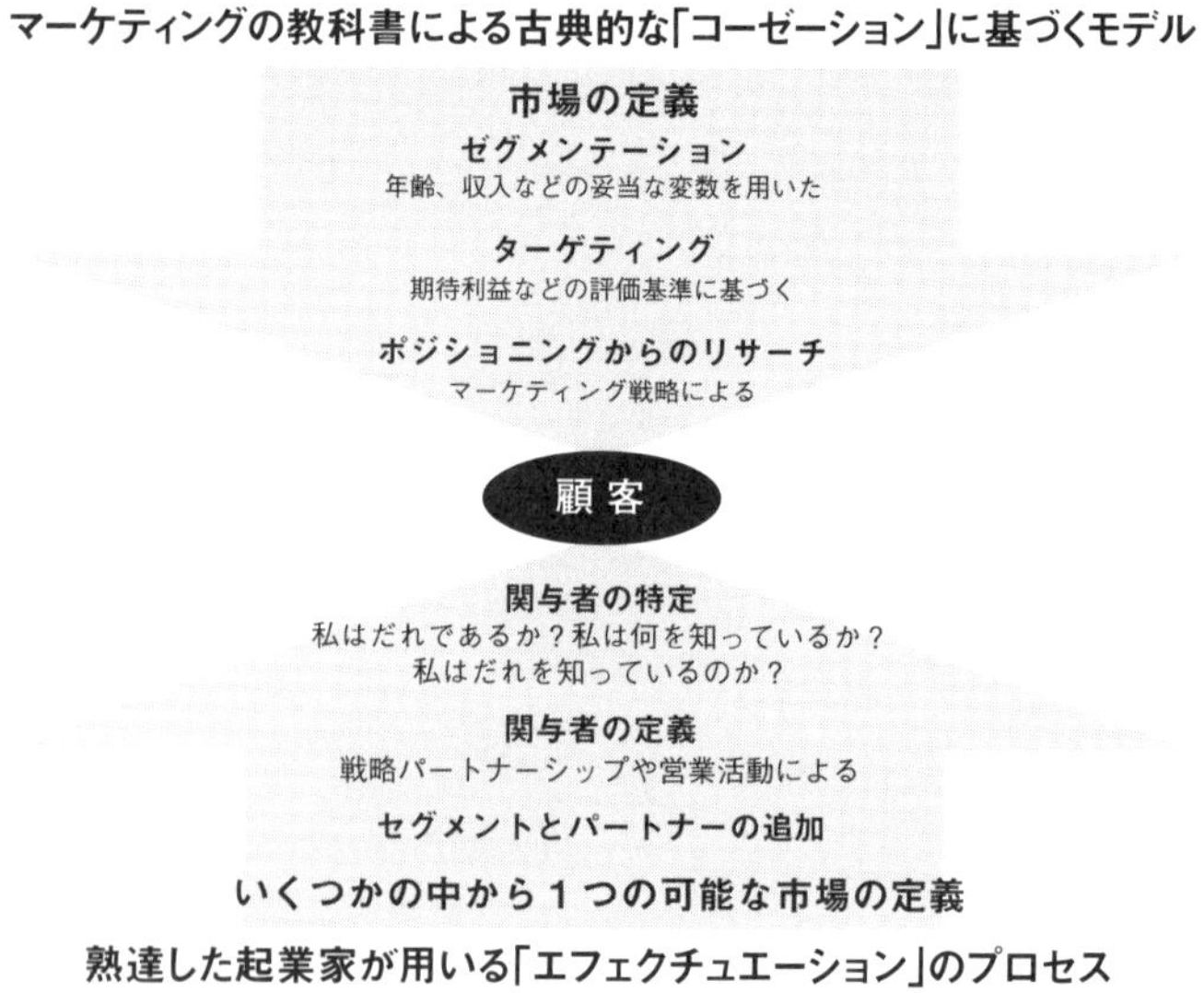

エフェクチュエーションの論理とコーゼーションの論理の違いは、パッチワーク・キルトとジグソーパズルのメタファーになぞらえることができる。[*5]

起業家に関して広く行き渡った神話には、「起業家とは、通常の人よりも遠くまで未来を見通し、他の人よりも素早く効率的に儲かる機会についての複雑なジグソーパズルを解く、明確なビジョンを持った人物である」というものがある。しかしこのジグソーパズルのメタファーは、ジグソーパズルの絵としての「市場の機会」が既に存在し、アントレプレナー・シップとは、発見のタスクである、としている点において問題がある。

実際の調査協力者となった起業家は、自身を明確なビジョンを持っているかどうかは別として、まるで、絵が存在していて、それを組み合わせればよいというようにふるまうことはしなかった。

むしろ起業家は、まるでパッチワーク・キルトをつくる、老練のキルト職人のように物事を進めるのである。

パッチワーク・キルトをつくることは、ジグソーパズルを解くことと少なくとも3つの点で異なっている。第1に、パターンを合わせるうえで、キルト職人のほうが、パズルを解く人よりも自由度が高い。第2に、大きなキルトづくりは、通常、共同作業である。第3に、キルトは、魅力的なだけでなく、使い勝手がよく、役立つものでなくてはならない。

他にも例えとしては、シェフがタスクを実行する方法がある。

コーゼーションに基づく場合、まずシェフは、メニューを選定して、メニューに応じた良いレシピを参考にして、必要な材料の買い出しを行い、適切な用具な機材をそろえて料理をつくる。

一方エフェクチュエーションに基づく場合は、まずシェフは、キッチンの棚にある材料や器具をみて、そのうえで、可能なメニューをデザインする。

どちらか一方のプロセスが必ず良い結果をもたらすというわけではない。ただし、コーゼーションのシナリオでは「何の料理をつくるべきか」が、まず選択されるのに対して、エフェクチュエーションのシナリオは、より「新規性」[*6]をもたらしやすいといえる。

サラスバシー（Sarasvathy S.D.）は、企業のライフサイクルへと視点を移すなら、**最も高成長であり続けている企業で、業界を変容させて新しい市場を開くような企業は、エフェクチュエーションで始まったのではないかと推定している。**

言い換えれば、長期にわたって存続を続ける企業の、黎明期の歴史を詳細にみれば、その源流においてエフェクチュアルな行為を見出すことができると考える。

しかし、その**企業が生き残り、成長するにつれて、特にその企業が創出した新たな市場をさらに活用し、長期での競争優位を構築するためには、その企業のマネジメントは、コーゼーションに基づく**ものになっていく必要があるとしている。[*7]

つまり、起業の段階では、エフェクチュエーションの部分が多くみられ、それがビジネスモデルとして確立していくとコーゼーションの部分が多くなるということだ。

「ふたつの道具箱」[*8]という表現で、コーゼーションとエフェクチュエーションを対比させると、こうなる（表9）。

エフェクチュエーションはあらかじめ決められた市場からスタートせずに、まず手段から、

表9

コーゼーションとエフェクチュエーションの対比

コーゼーション（目的ありき）
・マーケット・リサーチをする ・経営陣にふさわしい人材を迎え入れる ・業績見通しに必要とされる資金を獲得する ・メリットを追求する ・可能性に賭ける ・失敗を避ける ・成功した起業家にいかにしてなるか ・トレードオフを管理する ・制約条件を操作する
エフェクチュエーション（手段ありき）
・エフェクチュアルなコミットメントを取り決める ・自発的な関与者とともに仕事をする ・リソース・ゼロのマーケティング、あるいは許容可能な損失のみの投資 ・デメリットを制御する ・条件を仮定したうえで戦略を練る ・失敗を管理し梃子《てこ》にする ・起業家の仕事をいかにうまくこなすか ・相乗効果をデザインする ・客観的な機能を再構成する

つまりできることを実行することから始める。これはエマージェント的な手法である。

一方、コーゼーションは初めに分析により市場を決めてスタートする分析重視型である。

実際は、分析重視型とエマージェント型が、さまざまな組み合わせで用いられるということである。

筆者の経験でも、業態開発のプロセスはエマージェント型であったといえるが、一方で、全く戦略的要素、フレームワークがなかったかというと、そうではなく、体系的な知見はないが、戦略の要素である商品、価格、販路、販促、顧客、市場、競合などに基づいて考えていた。

分析をして、目的を明確にしたうえで、必要とされる資源を調達して進めていくというコーゼーションモデルに対して、身近にある資源で実行可能なことを迅速に行い、実行しながら戦略を形成していくというエフェクチュエーションモデルの対比であるが、実際は、極端な2極分化ではなく、2つの方法論を行きつ戻りつしながら、戦略形成がなされている。

戦略形成で重要なのは、現場の実行と検証による試行錯誤

ここまでみてきたように、起業家はコーゼーションとエフェクチュエーションの双方のアプローチを、さまざまに組み合わせながら用いている。

ここでは、**エフェクチュエーション（手段ありき）の具体的なアプローチとして、「リーン・スタートアップ」**を取り上げる。

エフェクチュエーションはエマージェント戦略的な手法であるが、それは試行錯誤的なプロセスを重視するということでもある。

ここで、2つの例を示す。

1つ目の例は、グーグルのA／Bテストというものだ。これはAとBの方法を両方試して、よかった方法を採用していく手法で、ダイレクトメールの有効性を試す方法である。グーグルはこの方法を、2011年に約7000回行ったといわれる。グーグルの根幹は検索サービスにあるが、さまざまなサービスの導入の決定を、このA／Bテストを繰り返すことで行っている。いわば試行錯誤型経営である。

グーグルがこの手法を最初に行ったのは、2000年である。

このA／Bテストに関して、興味深い内容が三谷宏治の書籍に記されていた。

「アマゾンで買い物をすると、カートの中身の確認時に〝○○とよく一緒に購入されている商品〟というお奨めが出てきます。お金を払う（レジに進む）前に、もう一段の衝動買いを狙っているわけです。

これを提案したリンデン（Linden,G.）は当時、上司たちから徹底的に否定されました。デモまでつくったのに、テストすら許されませんでした。憤慨したリンデンは、A／Bテストを勝手にやりました。そしてその機能がアマゾンにもたらす膨大な利益を明らかにしたうえで、そういった反対意見を一気に葬り去りました[*9]」

これはデータ民主主義ともいわれ、試行錯誤型経営の目指すところである。

2つ目は、アメリカ軍の戦略の例だ。アメリカ軍は1991年の湾岸戦争の成功体験から、情報システムによる空爆・無人兵器・特殊部隊を中心とする機動戦を基本とするようになった。空爆から情報戦で圧倒し、特殊部隊が敵部隊を崩壊させるという効率的な戦い方のはずであった。

しかし、この理想的な軍事組織は、ゲリラやテロに対する市街戦や治安維持にも、効果を発揮しなかったのである。

その理由は、あらゆる情報の統合・分析と意思決定を司令部が行うので、前線での敵と味方の動きに十分対応できないことにあった。敵の存在場所を察知する偵察技術も、遮蔽《しゃへい》物や紛らわしいものがあったり、敵と味方の動きをうまく識別できない。実際に、イラク駐在中のアメリカ軍の死者のほとんどは、路肩の車や道路の簡易爆弾によるものであった。

つまり、失敗の原因は、統制あるチーム、大局観、指揮命令系統、であるといわれている。一見、理想的な組織にみえるが、トップで考えた作戦や大局観は、現場でまるで役に立たないという結果になったのである。

この失敗にもかかわらず、厳格な指揮命令系統による理想の組織の中で、現場からのネガティブな情報や、違った意見も排除された結果、２００６年から２００７年に毎月１００人以上のアメリカ兵が戦死した。

しかしこの後、何名かの現場指揮官たちが試行錯誤したことにより、窮地を脱する。

その方法は、ゲリラ戦ではなく、民心の掌握に軸をおいたことである。つまり、住民をテロリストから守ることに専念し、その信頼を得たことで、住民がテロリストへの協力をしなくなったことが勝利につながったのである。この戦略は現場での住民の動きをみたことから生まれたものだ。

ミンツバーグは、的確な情報があれば、組織のどこにいても戦略形成プロセスに貢献できる。現場の行動に最も密接につながっている部隊の最前線が、戦略に対して最も大きい影響力を持つからだ[*10]といっている。

つまり、**現場の実行と検証による試行錯誤が、戦略形成の重要な役割を果たす**。

その方法論として、リーン・スタートアップをみていく。

リーン・スタートアップとは

リーン・スタートアップ[*11]とは、日本的経営の研究から、具体的にはトヨタ生産方式に学んで形態化したものだ。

ポイントは、作業員がもつ個人的な知識や創造性の活用、バッチサイズの縮小、ジャストインタイムの製造と在庫管理、サイクルタイムの短縮などである。

このような考え方を企業の戦略マネジメントに適用して、検証による学びをできるだけ小さな単位で早く行うことが特長である。書籍『リーン・スタートアップ』の著者であるエリック・リース（Ries.E.）は、テイラーについて次のように述べている。[*12]

「今年、2011年は『科学的管理法』が世に出て100周年にあたる。いま我々が当然のように思っている繁栄を可能にしたのは、科学的管理で、このおかげで20世紀に世界は大きく変化した。（中略）彼を契機にはじまった改革は、ある意味、成功しすぎた面が多い。テイラーは科学的に考えるべきだと説いたが、彼が推奨したさまざまな手法を守ればいいと勘違いした人が大勢いる。時間動作研究や差別出来高給制度、そして、なんといっても腹が立つ、労働者を自動機械のように扱う考え方などを、だ。

このような考え方は多くがのちに有害だと証明され、その軌道修正に大勢の理論家やマネージャーが力を尽くすことになる。リーン生産方式はこの反省の上に立ち、工場労働者が内に秘めた知恵や独創力に着目するとともに、効率というテイラーの考えを個人レベルのタスクではなく、有機的な企業全体に焦点を当てて、とらえなおすものだ」

まさに、これまでの項で見てきたテイラー主義の弊害に焦点を当て、日本的経営の昇華となっているトヨタ生産方式が、その問題を解決する大きな力になっていることを主張している。

また、次のようにも述べている。

「スタートアップの失敗について、最初に優れた計画やしっかりした戦略、市場調査の活用に目を奪われることが問題としてあげられる。昔は、このような指標で成功の可能性を図ることはできた。そのためスタートアップでも同じように考えたくなるのだが、不確実性が大きいスタートアップにこの方法は使えない。どういう人が顧客になるのかや、どういう製品をつくるべきかさえも、まだわからないのがスタートアップなのだ。

しかも世界は不確実な方向へ進んでおり、未来はどんどん予測しづらくなっている。旧来のマネジメント手法では、そのような状況に対処できない。比較的安定した環境で長期にわたる安定操業の歴史があってはじめて、精度の高い計画や予測が可能になるからだ。スタートアップでは、どちらの条件も成立しない」[*13]

まさにミンツバーグの主張と同様で、膨大なデータと分析による戦略が機能不全に陥ることを示している。

環境変化の激しい今日においては、「比較的安定した環境で長期にわたる安定操業の歴史」にあてはまる業界や企業のほうが少なくなっているのではないだろうか。この意味から、スタートアップだけではなく、既存事業の戦略マネジメントにおいても、計画や戦略、市場調査の活用に目を奪われることは、失敗の要因になると考える。

スタートアップが直面する問題は、環境変化の激しいすべての事業の問題が凝縮されているといえる。
どのような製品を、誰に、どのような方法で提供するのかという戦略的な問題であり、また社員には何をさせればよいのか、組織全体が責任をもって学ぶようにするにはどうしたらよいのか、という組織的な問題でもある。スタートアップには、部門横断的なコラボレーションが必要で、大きな不確実性と戦える組織構造が必要とされる。

トヨタのリーン生産方式は、工場の現場で、同じような問いに対応しようとして生まれたものだ。その考え方は、多少調整するだけでスタートアップにも応用できる。[*14]
スタートアップにおいて最も重要なことは、検証を通じて持続可能な事業の構築方法を学ぶことである。顧客は誰なのか、顧客が本当にほしがっている製品、いわば戦略そのものであるが、その検証を、学びによって行う必要がある。この学びこそがトヨタウェイの最も重視する点であろう。
次にその検証の考え方であるが、まず「スピード」を重視する。
これはトヨタウェイのバッチサイズの縮小、ジャストインタイムの製造と在庫管理、サイクルタイムの短縮から、いかに無駄を省いて戦略の品質をマネジメントするかなどを考えるものだ。そして順応性の高い組織構築のために、5回の「なぜ」というツールを使っている。

リーン・スタートアップは、複雑な計画を立てるのではなく、できるだけリスクの少ない方法で敏速に検証を繰り返し、その検証を通じて戦略の内容を変化させることで、確実に成長を図るというものである。いわば、エマージェント戦略を意図的に行おうとする方法論であるといえる。

ミンツバーグは、戦略は現場の試行錯誤の中で生成されるものであるとして、エマージェント戦略を生む組織学習の重要性を主張したが、その具体的なフレームワークや方法論について述べていない。

その方法論をここでは具体的にみていく。エリック・リース（Ries,E.）は次のように述べている。

「スタートアップにも目的地が明確に存在する。繁栄して、世界を変える事業を構築することだ。これを私はスタートアップのビジョン（vision）と呼ぶ。

このビジョンを実現するため、スタートアップは、戦略（strategy）を採用する。戦略は、ビジネスモデル、製品ロードマップ、提携企業や競合他社の視点、予想される顧客などの項目で構成される。そして、この戦略から生み出される成果物が製品（product）である。製品は、最適化というプロセスで変化していくが、これを私はエンジンのチューニング（tuning the engine）と呼ぶ。製品ほど頻繁ではないが、戦略も変化することがある（ピボットpivot）」[*15]

ビジョンであり、これはイメージである。そのイメージを戦略に落とし込む項目としてあげられているのがビジネスモデル、製品ロードマップ、提携企業・競合他社の視点、予想される顧客などである。この戦略に基づいた製品があり、これを最小のリスクで実行して、検証する。その検証に基づき、製品、戦略を変容させるのである。

エリック・リースは、最小のリスクを実用最小限の製品（minimum viable product）として、構築―計測―学習（Build-Measure-Learn）のループを回せるレベルの製品で、最小限の労力と時間で開発できるものとしている。そして計測のツールとして、革新会計（innovation accounting）という手法を勧めている。

以上のプロセスがリーン・スタートアップの概要であるが、従来の「優れた計画やしっかりした戦略」と、一方の「とにかくやってみよう」という方法論に対する「マネジメントの第二世紀」といわれる優れたマネジメント手法であると考える。

検証をしたことによって課題となったのは、きらめくような仮説と戦略とホワイトボードに描かれた駆け引きや戦略ではなく、顧客が本当に望んでいることをみつけだし、その望みを製品に合わせていくという地道な作業だった。[*16]

また、すごいアイデアにビジネスモデル、ホワイトボードによる戦略策定、戦果の分配は、企業というものの5％程度に過ぎない。残りの95％は、製品に優先順位をつける、ターゲットとする顧客や耳を傾ける、顧客を選ぶ、グランドビジョンを検証とフィードバックにくり返しさらす勇気を持つなど、革新会計で計測を行う地道な作業で占められる。[*17]

つまり、**戦略という仮説を、地道に検証する作業こそが優れた戦略マネジメント**だということである。

戦略の一要素である顧客に関しても、「誰が顧客かがわからなければ、何が品質なのかもわからない」[*18]として、品質の議論も顧客が明確にならないと意味のないものであるとしている。

リーン・スタートアップの具体的な方法

・スピード

リーン・スタートアップは、スピードを重要視していることが特徴的である。

仮説―検証は、すでにPDCサイクルがあり、従来からその重要性は認められていた。しかし、リーン・スタートアップでは、「構築―計測―学習」のフィードバックループを中心にモデル化され、このサイクルをまわすトータル時間を最小にすることを大事にしている。

・フィードバックの方法

図10

リーン・スタートアップ
構築—計測—学習のフィードバックループ[*19]

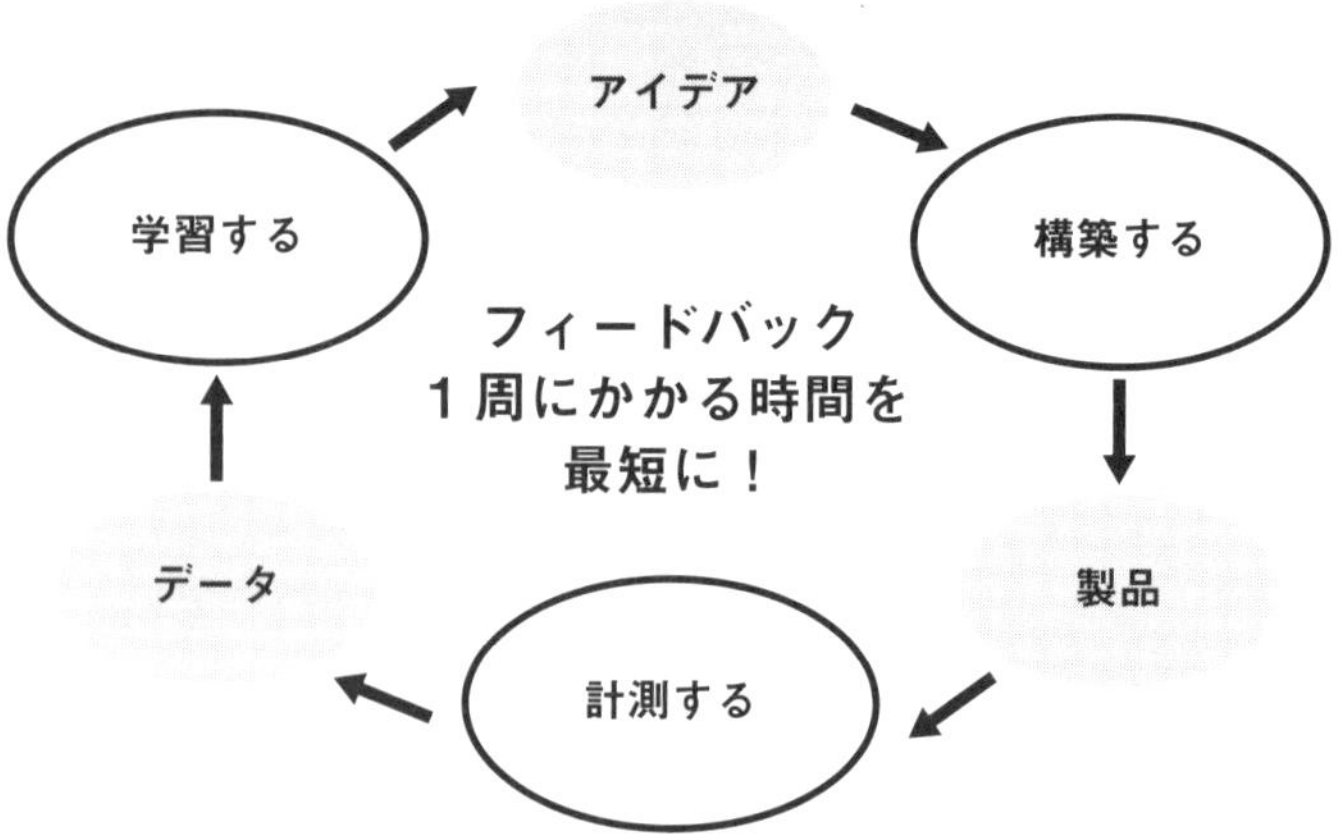

フィードバックには、定性的なもの（なにが気に入って何が気に入らないか）と、定量的なもの（何人が利用して何人が役に立つと思ったか）とがある[*20]。原則として、定性的なものは戦略要素であり、定量的なものは会計要素であるが、この要素を何にするかが戦略フレームワークの最も重要なことであると考える。戦略及び事業計画を体系的に構成要素へと分解し、部分ごとに実験で検証する必要がある[*21]、ということである。

エリック・リースは、会計的（定量的）な構成要素を「革新会計」として、戦略的（定性的）な構成要素を「ピボットのさまざまなタイプ」として説明している。

・革新会計

構築─計測─学習のフィードバックループの計測フェーズに入ると、製品開発がうまくいっているのか否かの判断が課題となる。エリック・リースは、「ここでは、管理会計、財務会計とは別に、新たに革新会計という手法をお勧めする」[*22]としている。具体的には、進捗状況の計測方法やチェックポイントの設定方法、優先順位の策定方法である。仮説から定量的財務モデルをつくり、成長速度を左右するポイントとして、顧客ごとの利益率、新規顧客の獲得コスト、既存顧客の購入リピート率を上げている。そして、これらのポイントを把握できる、いくつかの方法を紹介している。

・ピボット

ピボットとは検証に基づいた〝戦略の方向転換〟のことである。

リーン・スタートアップは科学的な手法をベースにしているため、方向転換すべきか辛抱すべきかがはっきり決まると思われていることが多いが、残念ながらそういうわけにはいかない。ビジョンや直観、判断といった人間的な要素を排除することはできないし、またするべきではないと思う。スタートアップに科学的手法を進める理由は、人間の創造性が大きく花開くようにしたいからであり、誤った判断で我慢を決めるほど創造性を破壊するものはない[*23]として、論理以外の要素の重要性を述べている。

そしてピボットのタイプとして、製品機能、製品全体、顧客セグメント、顧客ニーズ、プラットフォーム、事業構造、価値捕捉、成長エンジン、販売チャネル、技術などをあげている。市場からの情報に基づき、戦略の方向を変える意思決定をするわけであるが、戦略を構成する要素、つまり上にあげたピボットの種類をどのように設定するかである。

コーゼーションとエフェクチュエーションとリーン・スタートアップの統合的理解

前述したが、エフェクチュエーションのプロセスと、現在主流になっているマーケティングの教科書に用いられている「セグメンテーション―ターゲティング―ポジショニング」（コーゼーション）は、全く違うものであった。

エフェクチュエーションのモデルでは、意思決定者は、あらかじめ決められた結果や市場からスタートせずに、可能な手段を定義することからスタートし、次に、偶発性を伴うやり方で、いくつかの可能な結果から選択するのである。また、継続的に新しい機会を紡ぎだし、かつ、それを有利に活用しようとするのである。これらから、エフェクチュエーションは、経路依存的であり関与者依存的である。

つまり、最初に決めつけずに、できることからスタートして、情報を得ながら走りながら考える手法である。

図11

プロダクトアウト型のエフェクチュエーションとマーケットイン型のコーゼーション

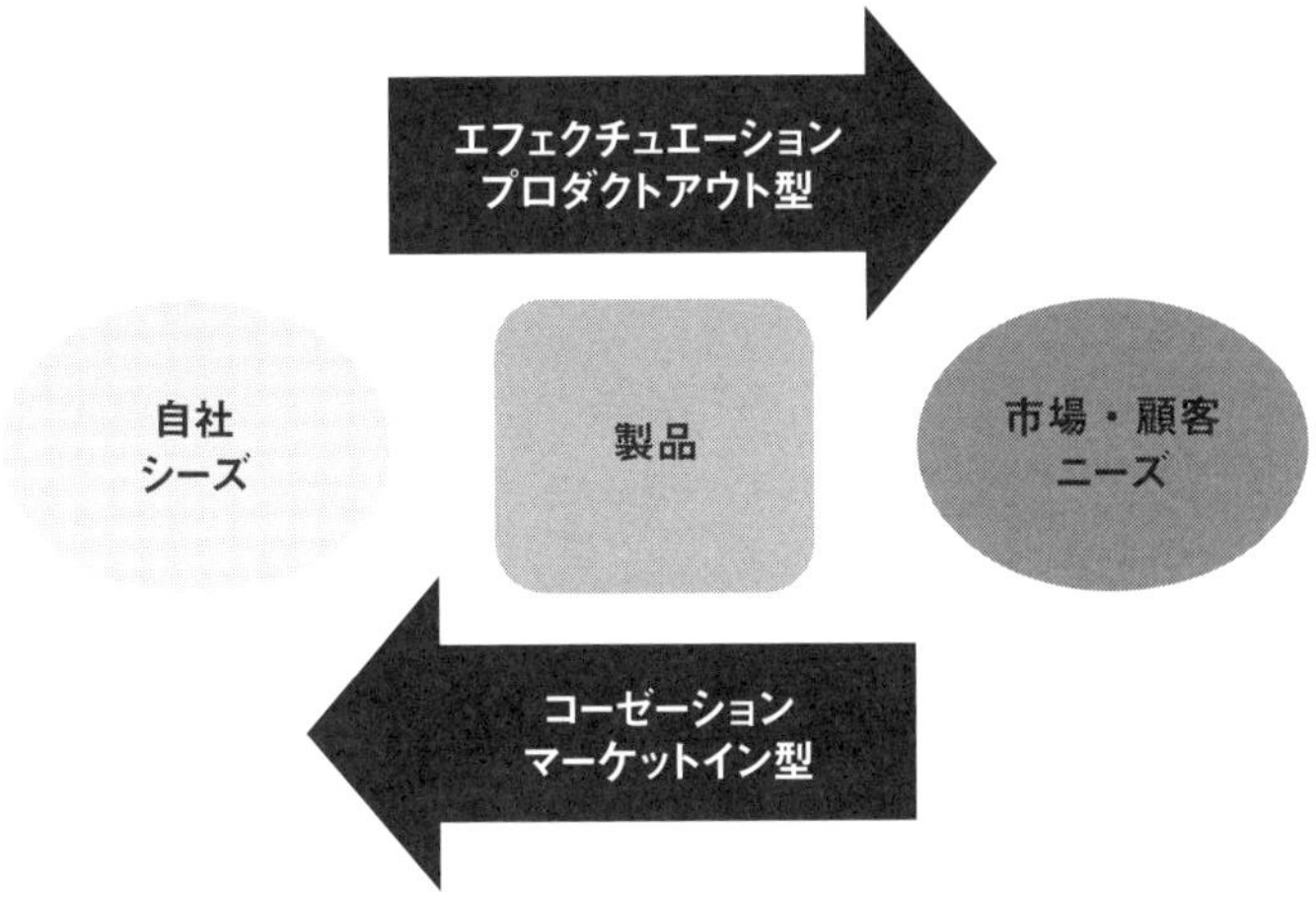

一方で、教科書的なマーケティング・プロセス（コーゼーション）では、製品の対象となる顧客を含む市場を定義する。そして、市場に関する情報に基づき、セグメンテーション、ターゲティングを通して製品のポジショニングが定義される。つまり、最初に顧客、市場を定義づけ、その定義に沿って戦略を進める手法である（図11）。

前述したが、リーン・スタートアップのマネジメント手法はどちらかといえば、エフェクチュエーション的であるといえる。

最初に顧客は設定するが、あくまで仮説で、顧客からの情報を得て、検証しつつ戦略を変容させていく。つまり、当初の製品はプロダクトアウト型で顧客に届け、顧客の反応を見てから製品を変化させる、マーケットイン型になる。

以上、リーン・スタートアップについて具体的なマネジメント手法をみてきた。このリーン・スタートアップは、スタートアップのマネジメント手法であることから、当然ベンチャーである小さな企業を対象にしたものである。

大きなリスクを負うことができない中小企業は、この実用最小限でスピードある試行錯誤を繰り返すリーン・スタートアップの方法論は最適であると考える。

事前のしっかりした市場調査の活用や分析に基づいた戦略や計画に目を奪われるよりも、〝実行を繰り返す中でデータを集め、戦略を変容させていく〟という方法は、経営資源が少ない中小企業にとっては最適だろう。

中小企業の現場で使える戦略フレームワーク

エマージェント戦略に必要な要素

さて、それでは実際に、エマージェント戦略で活用できる戦略フレームワークを示していく。
まず、「中小企業に適した戦略フレームワーク」の条件は、次の4つとする。

第1に、前述した戦略フレームワークの定義「製品―市場分野における、内部環境分析、外部環境分析、競合分析をしたうえで、その競争優位なポジションを示すことができる」を満たす。

第2に、戦略策定のための分析データについて、膨大に必要とせず、かつ入手が容易であること。

第3に、戦略策定を企業のすべての階層で扱うものとするため（＝ボトムアップ型）、中小企業の経営者をはじめ従業員にも理解できる用語のみを使うこと。

第4に、数値計画に移行しやすいこと。

これらのことを踏まえて、戦略フレームワークの考察を行っていくが、その第1ステップとして、「戦略の構成要素」を選択する。

「戦略構成要素」とは、戦略分析・立案に際して、何を基準にするか、つまり戦略とは何かを定義するものであり、非常に重要である。

PDCを回す手法として、前述したリーン・スタートアップをベースとするので、リーン・スタートアップの戦略要素についてみていく。

「構築―検証―学習」のサイクルを回すうちの、フィードバックについては、定性的なもの（なにが気に入って何が気に入らないか）と定量的なもの（何人が利用して何人が役に立つと思ったか）とがある。[*24] 原則として、定性的なものは戦略要素であり、定量的なものが会計要素であるが、この要素を何にするかが戦略フレームワークの最も重要なことである。戦略及び、事業計画を体系的に構成要素へと分解し、部分ごとに実験で検証する必要がある、[*25] ということである。

エリック・リースは、会計的（定量的）な構成要素を「革新会計」として、戦略的（定性的）な構成要素を「ピボットのさまざまなタイプ」として説明している。

フィードバックに必要なことは、戦略、事業計画をその構成要素へと分解することだ。つまり、その構成要素ごとに戦略を立案し、実行を経て、その構成要素ごとにフィードバックするということである。

リーン・スタートアップに使われている戦略要素

リーン・スタートアップの戦略については、ビジョンを実現するため、スタートアップに戦略を採用する。

戦略は、ビジネスモデル、製品ロードマップ、提携企業や競合他社の視点、予想される顧客などの項目で構成される[*26]。

ビジネスモデルとは、企業が顧客から製品・サービスの提供によって収益を獲得する一連の構造である。ビジネスモデルキャンパスの構成要素は、顧客セグメント、価値提案、チャネル、顧客との関係、リソース、主要活動、パートナー、収益の流れ、コスト構造などがあげられる。

製品ロードマップは、一般的に製品開発に伴う技術、マーケティングの構成要素を時系列に示したものである。

また、戦略を変容させるピボットの要素として、製品機能、製品全体、顧客セグメント、顧客ニーズ、プラットフォーム、事業構造、価値捕捉、成長エンジン、販売チャネル、技術などをあげている。

これらの要素を、内容ごとに列挙する。

・マーケティング
・製品全体・製品機能・成長エンジン
・チャネル　販売チャネル・プラットフォーム
・技術
・リソース
・主要活動
・パートナー
・収益の流れ　コスト構造
・顧客セグメント・顧客ニーズ・顧客との関係
・競合他社

この戦略要素を既存フレームワークの戦略要素で分類すると、「3C」「4P」「会計」の構成要素に含まれている（3Cと4Pの詳細は後述）。

・「3C」の要素

自社：技術・リソース・主要活動・パートナー
顧客：顧客セグメント・顧客ニーズ・顧客との関係
競合：競合他社

・マーケティングの「4P」の要素

マーケティング
商品：製品全体・製品機能・成長エンジン
販路：チャネル　販売チャネル・プラットフォーム
価格
販促

・「会計」

収益の流れ：コスト構造

つまり、リーン・スタートアップのマネジメントに必要な戦略要素＝定性要素は、3Cと

図12

3C分析

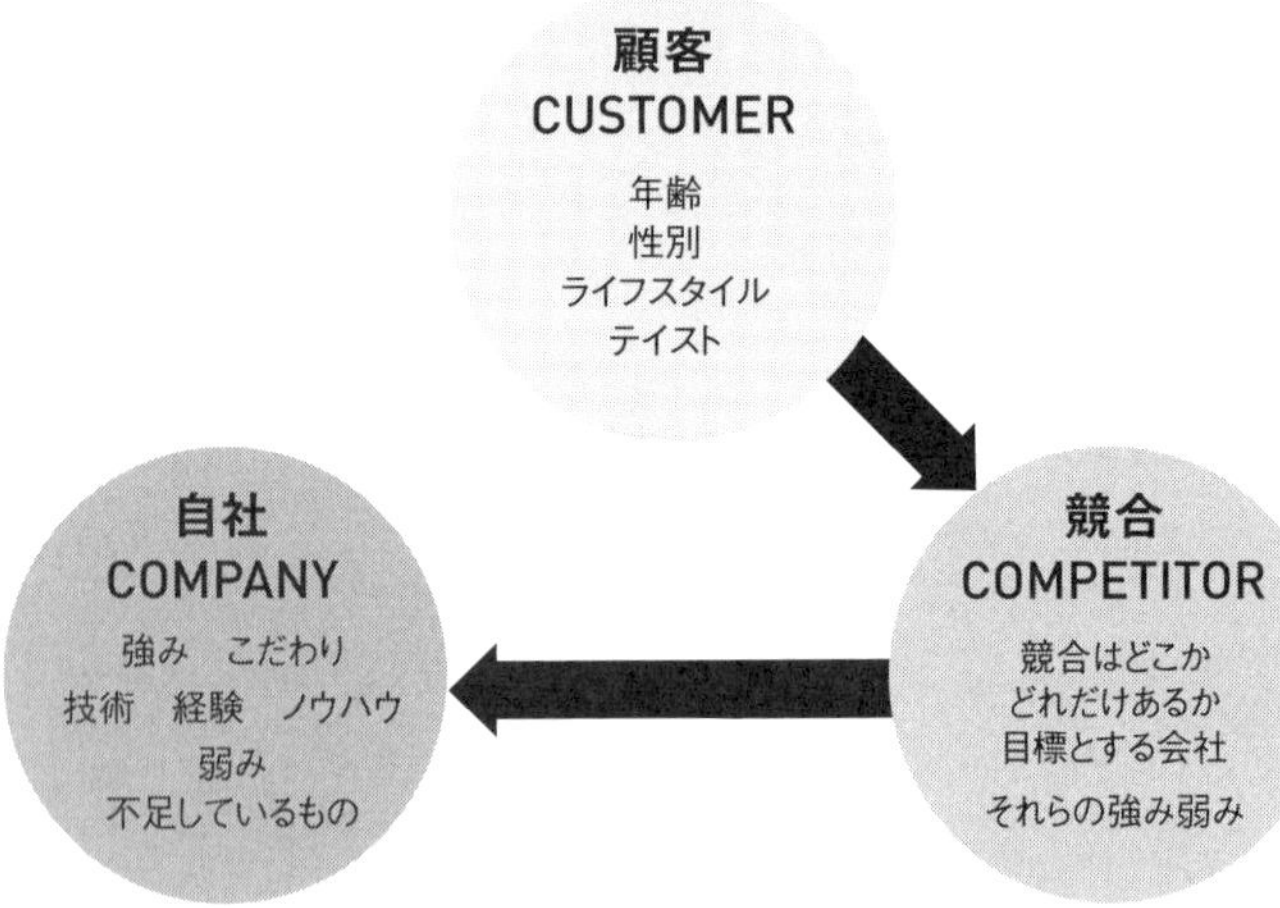

4Pに含まれている。会計の要素については、定量要素であるため、検証のための戦略マネジメントの考察の際に述べることとする。

では、3Cと4Pとは、一体どのようなフレームワークなのだろうか。

3C分析とは

3C分析とは、Customer＝市場・顧客、Competitor＝競合、Company＝自社の3つ戦略要素であり、自社が競合、顧客にどのような経営環境にあるのかということを現状を分析し、戦略案策定に活用するフレームワークである（図12）。

具体的には、Customer（市場・顧客）分析の視点としては、市場特性、ターゲット顧客のニーズ・購買過程などがあげられる。

図13

4P分析

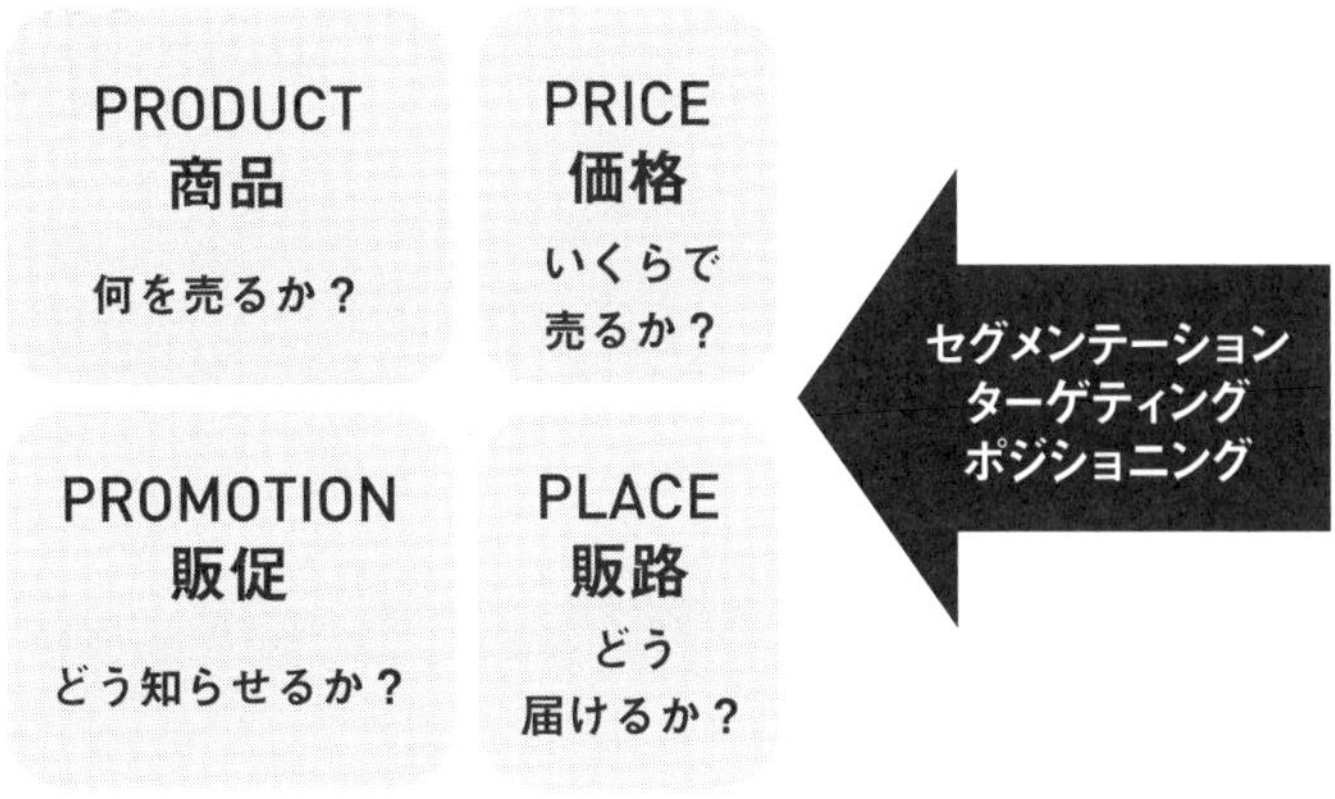

Competitor（競合）分析視点としては、競合相手の製品・サービスの特性、競合他社の強み弱み（生産・販売・財務・技術開発などに関する能力など）・経営資源などがあげられる。Company（自社）分析視点としては、自社の商品特性、技術力、販売力、組織・人材といった社内資源があげられる。

分析方法としては、経営コンサルタントの大前研一によると、[*27]本来、顧客に基礎をおいた戦略、自社を基礎においた戦略、競合を基礎においた戦略とそれぞれの方向性を示している。しかし現在は一般的には、まず市場の定義をして、それから競合分析を行い、自社の製品を決めるという手順が示されている。

4P分析とは

4P分析とは、マーケティング・ミックスの構成要素を大きく4つに分けたもので、商品＝Product、価格＝Price、販路（流通）＝Place、販促＝Promotionの4つの頭文字を取ったものである。この要素を組み合わせて戦略分析・策定を行う（図13）。

分析の方法としては、まず市場の定義を行い、セグメンテーション、ターゲティング、ポジショニング分析を行い、そのあとマーケティングミックスとして、4Pの要素を検討する。

もともとプロダクトアウトの考え方が強かったが、1970年代頃からセグメンテーション、ターゲティング、ポジショニングのマーケティングツールとセットになり、マーケットインの代表的なツールとなった。[*28]

以上2つのフレームワーク、つまり3C、4Pの構成要素が、中小企業の戦略マネジメントには必要であると考える。

エマージェント戦略を実現する、新たな戦略フレームワーク

前述の戦略要素をわかりやすくするために、図表化してフレームワーク化したものが「セブ

ンエレメンツモデル」である。

3Cと4Pの7つの戦略要素（自社、競合、顧客、商品、価格、販路、販促）を使い、チャート化したので、このように命名した。

このフレームワークの特長として、次の3つがあげられる。

①戦略分析・立案がスピーディにできる（作成のために膨大で入手困難なデータを必要とせず、予測過剰とならない）。

②戦略を実行に移行するための具体性にすぐれている（数値計画を作成するための必要で十分な要素を備えている）。

③中小企業の経営者、従業員が理解しやすい。

また、これら要素が鳥瞰《ちょうかん》図的な表現になっており、〝商流〟をイメージしやすいことも大きな特長である。

これは、筆者の経験で、中小企業診断士の2次試験で「1次試験で学んだフレームワークを使い、2次試験に応用する」という課題が全くイメージできなかったことから、もっとわかりやすいフレームワークが必要と考えたことが、開発のきっかけの1つになった。

セブンエレメンツモデルのデザインコンセプト

戦略を理解するためには、商流を理解することは不可欠である。

自社のシーズが商品となり、販路、販促を通して、顧客に到達する、という流れをつかむことがこのチャートでは一目瞭然でできる。自社の技術やノウハウ、こだわりが商品となって実現する、この商品を営業、直営店、代理店、ウェブショップなどの販路を通して、顧客に届ける、その際に販促をどのように行うかも理解できる。

また競合を自社の下に配置することにより、具体的な4Ｐの要素での競合分析も可能となる。つまり、戦略を文章で理解するのではなく、チャートで感じ取ることができることが一番の特長である。

商流をイメージをつかむことに加えて、もう1つ重要なポイントがある。

それは、従来の教科書的なマーケティング戦略のように、市場・顧客を定義することに時間とコストを費やすのではなく、スピーディに、「構築―検証―学習」のフィードバックサイクルを回すために、製品を顧客に届けるプロダクトアウトの形にすることである。そのイメージをフレームワークは表す必要がある。従来の3Ｃ、4Ｐが表現する分析重視システムのイメージを払拭しなければならない、ということである。

再度確認するが、3Ｃも4Ｐも矢印の方向が、「市場・顧客の定義」から始まっている。教

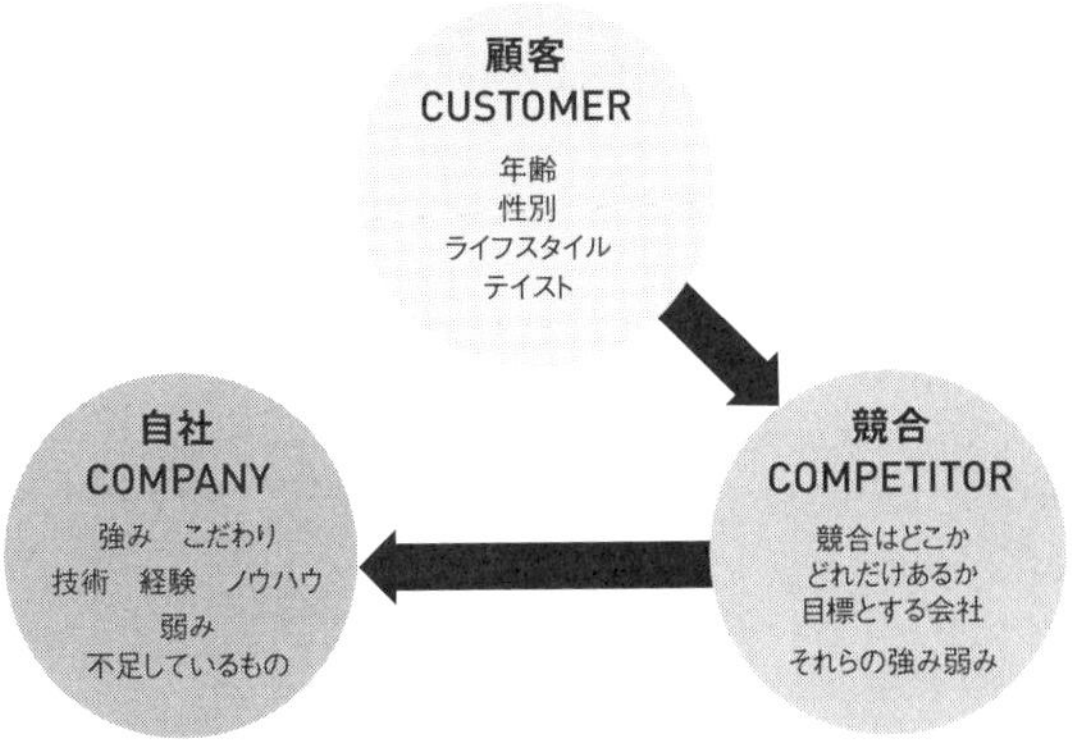

3C分析

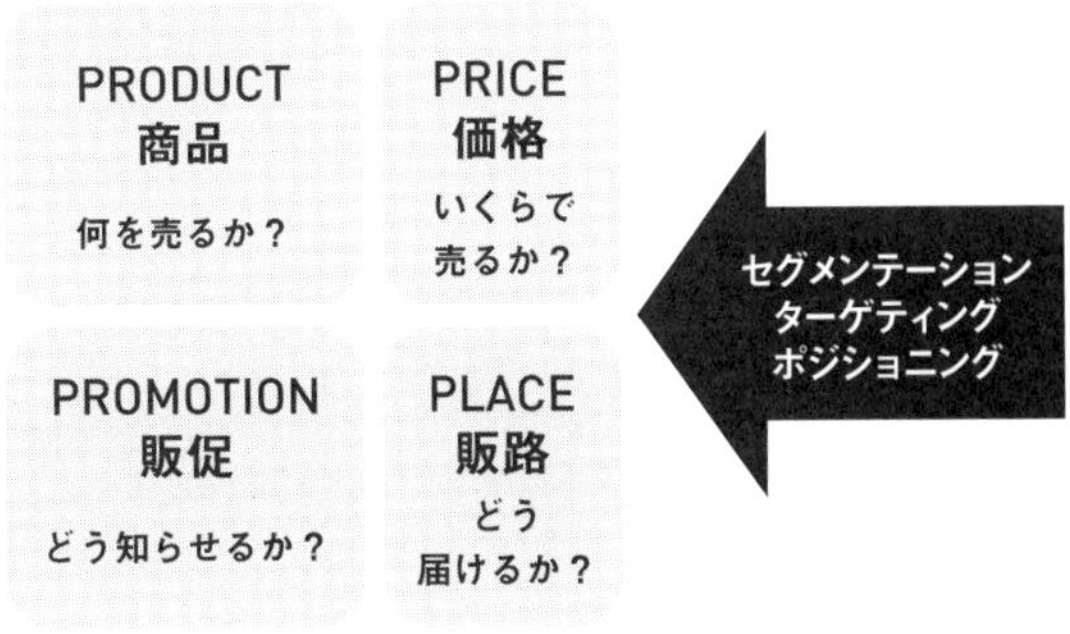

4P分析

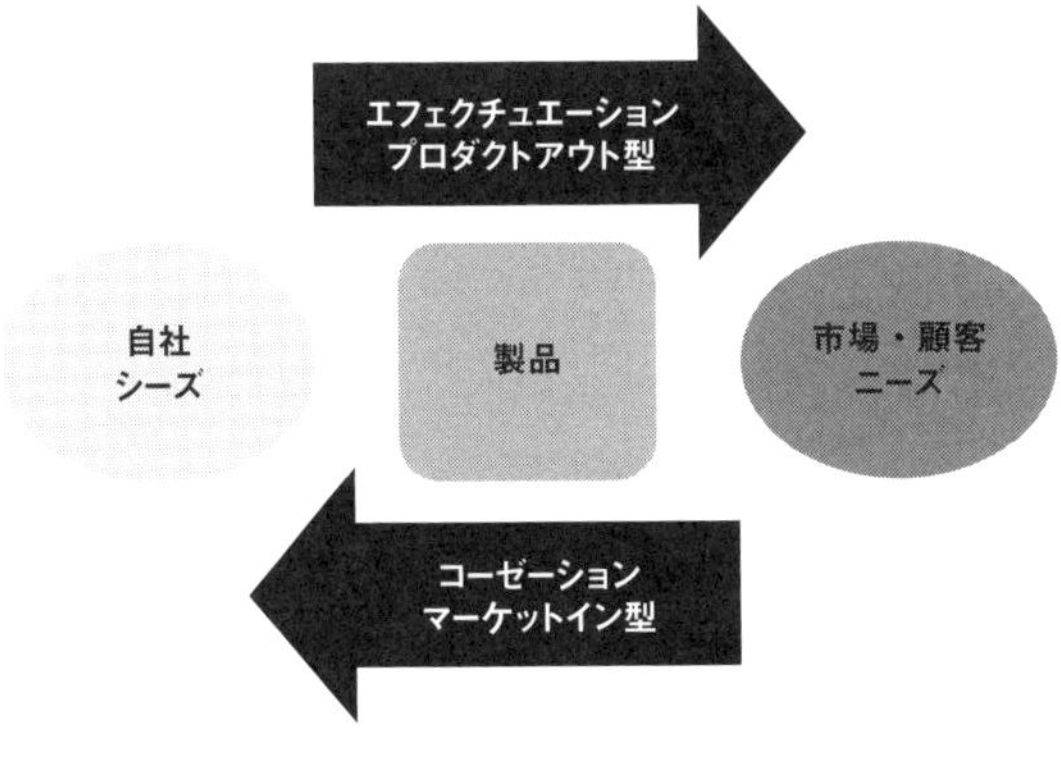

プロダクトアウト型とマーケットイン型

図14

セブンエレメンツモデル

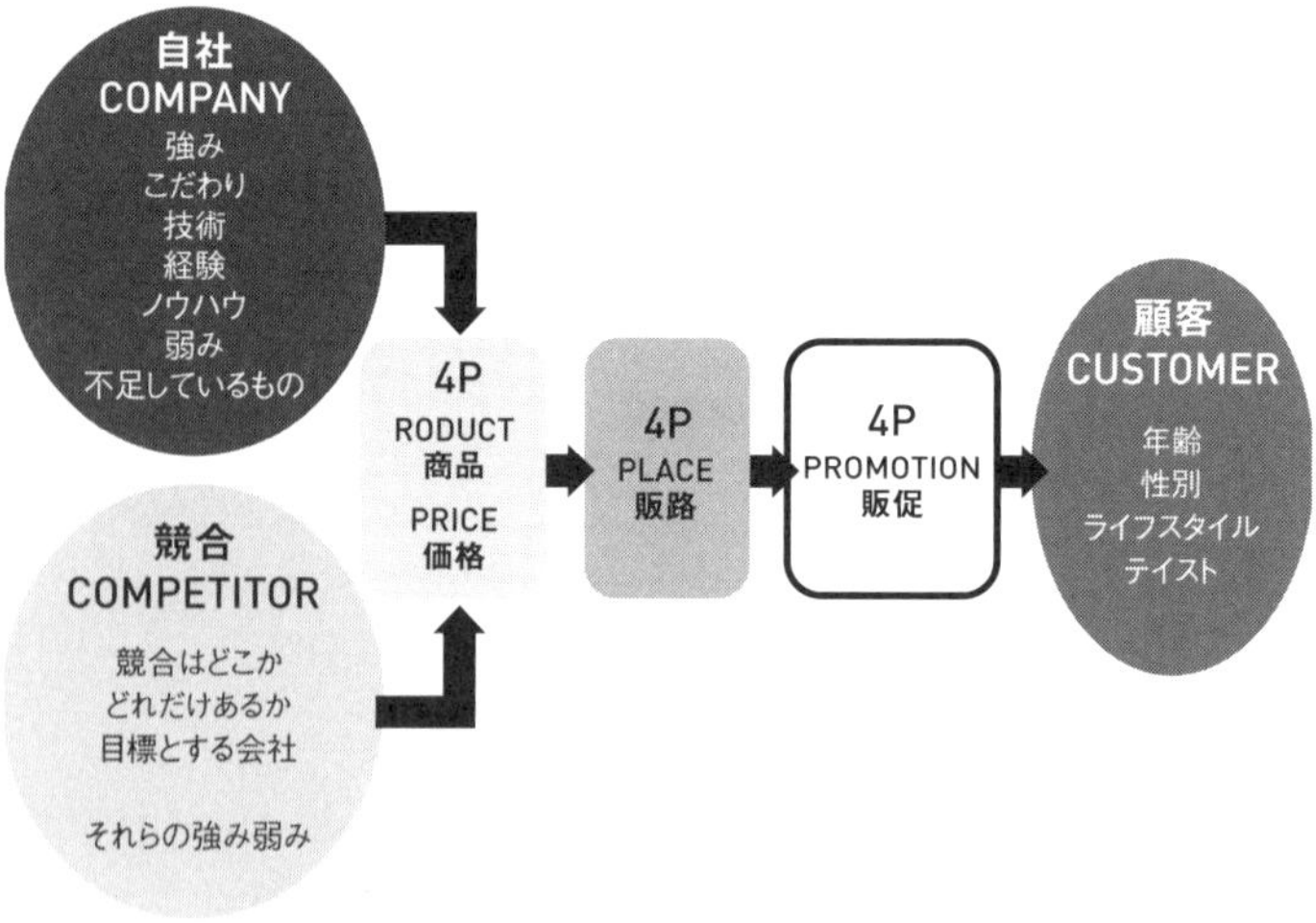

科書的な分析重視・マーケットイン型の方法である。

対して、エマージェント戦略は創発的なプロダクトアウト型である。そのため、矢印の方向を反対にして、プロダクトアウトの方向性を示す必要がある。

以上をコンセプトとしてチャート化した（図14）。**これが筆者が考案した、中小企業が現場で使える戦略フレームワーク「セブンエレメンツモデル」である。**

つまり、分析を簡略化して、具体的な戦略を練るために、4Pのプロセスを真ん中に置いた。4Pの要素を顧客に方向づけるために3Cを分割し、最後に顧客を配したことで、まずはプロダクトアウトで顧客に製品を届け、その反応をマーケットインで検証するというシステムのイメージができる。

これで、走りながら考えるというエマージェント戦略のマネジメントをイメージできる。

セブンエレメンツモデルの使い方

セブンエレメンツモデルの使い方について述べていく。まず初めに、現在進行中の戦略について分析を行い、新たな戦略の立案を行う。

戦略分析

前述したように戦略の定石として、「製品—市場において、内部環境分析、外部環境分析、競合分析をしたうえで、その競争優位なポジションを示す」とした。これを順に追っていく。

内部環境分析については、セブンエレメンツモデルの「自社」の要素について分析する。自社の理念、こだわり、強み、ノウハウ、技術などについて記入していく。

外部環境分析については、業界分析といえるもので、「商品」、「価格」、「販路」、「販促」、ターゲットとなる「顧客」の要素について、それぞれ記入する。

競合分析については、「競合」と考えられる企業の商品、価格、販路、販促、ターゲットとなる顧客をそれぞれ記入する。競合については、1社でも複数社でも可能である。

このように自社と競合について4Pの要素について記入したうえで、それぞれの要素について、自社と競合の比較を行うことが競合分析となる。

たとえば、商品では、デザインが競合より優れているが、価格では競争劣位である。販路については、自社は競合よりも少ないが、イメージは高い、などの分析である。以上の分析を総合的に行うことで、競争優位なポジションであるかどうかの判断を行うことが、戦略分析である。

戦略立案と変更（ピボット）

戦略立案は、リーン・スタートアップにおけるピボットにあたる。

ピボットとは、戦略の方向を変えるための、戦略的仮説である。

そもそも戦略とは仮説であり、実行、検証を繰り返す中でより洗練された戦略としていくことがエマージェント戦略の要である。そのため、まず上記の方法で、戦略分析を行い、問題点を探る。

たとえば、売上が目標に達していない場合、何が原因となっているのか、どのような戦略の方向変化、つまりピボットが必要なのかを考え、新たな戦略的仮説をつくることが戦略立案となる。

具体的には、何を変化させ、何を変化させないかのオプションを考えていくことであり、そのオプションが戦略要素ごとにある。つまり、商品開発を行う、販路開拓を行う、ターゲットとなる顧客を変化させる、販促の方法を変えるなどがある。

サトウのごはんを例とした、セブンエレメンツモデルの活用法

サトウ食品がセブンエレメンツモデルを使って分析したわけではないが、この事例は有名でかつわかりやすいため、取り上げる。「サトウのごはん」の戦略分析をセブンエレメンツモデルの要素に沿って説明すると、次のようになる。

自社のシーズに餅の保存技術があり、それが従来にない商品として、良質な保存のごはんとなった。顧客は、若者層で、販路はコンビニエンスストア。競合はインスタントラーメンなどだ。これが、当初の戦略分析となる。

しかし、この戦略で売上が目標を上回ることはなく苦戦した。そのような状況で、ある関西の地域での売上が好調であるという情報が入った。調査の結果、高齢者の買い上げが多いことがわかった。この情報をもとに、戦略の変更（ピボット）を行い、顧客を若者から高齢者にした。それに伴い、販路もコンビニからスーパーに変更した。販促についても、便利なごはんからこ

だわりのごはんにイメージを変更して広告を行った。その結果、売上が飛躍的に伸びた（図15）。

戦略をセブンエレメンツモデルの戦略要素ごとに記入することで、戦略が見える化される。

次に、戦略を実行していく中で、現場からの情報がもたらされるが、その情報が、単なる雑音か、重要な情報かの判断が必要である。情報により、戦略の変更を行うか、そのまま継続するかの判断である。これは、いわゆる経営判断で、意思決定は経営トップの役割である。

重要なことは、トップから現場まで戦略がどのような姿をしているのかを理解する必要がある。その理解がないと、現場で起こっていることが戦略に沿っているのか、いないのかの判断ができない。そのフレームワークとして機能するのがセブンエレメンツモデルである。

ボトムアップのエマージェント戦略を実行するうえで重要なことは、トップから現場までが戦略を理解していることである。

では、戦略とは何か、という問いに明確な答えがないのは、わかりやすい戦略フレームワークがないからである。必要で十分な戦略要素を示し、それをわかりやすい配置にしたセブンエレメンツモデルを使うことで、戦略は見える化される。

プラットフォームとしてのセブンエレメンツモデル

図15

セブンエレメンツモデルによるピボット

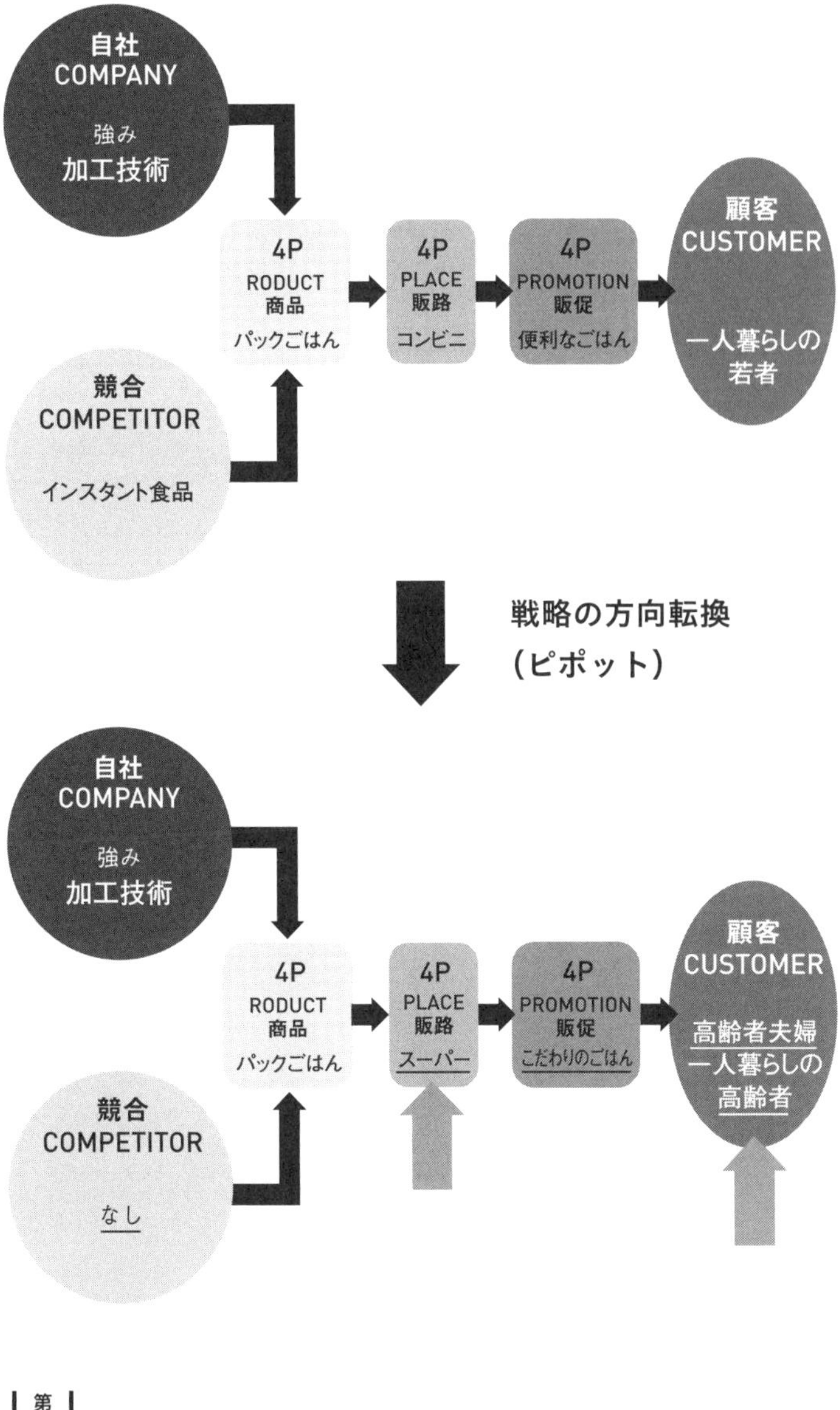

自社
COMPANY
強み
加工技術
競合
COMPETITOR
インスタント食品
4P
RODUCT
商品
パックごはん
4P
PLACE
販路
コンビニ
4P
PROMOTION
販促
便利なごはん
顧客
CUSTOMER
一人暮らしの
若者
戦略の方向転換
(ピボット)
自社
COMPANY
強み
加工技術
競合
COMPETITOR
なし
4P
RODUCT
商品
パックごはん
4P
PLACE
販路
スーパー
4P
PROMOTION
販促
こだわりのごはん
顧客
CUSTOMER
高齢者夫婦
一人暮らしの
高齢者

戦略マネジメントとは、ＰＤＣサイクルを回すことと同義である。

起業の場合、まずビジョンがあるが、これはイメージである。そのイメージをセブンエレメンツモデルにより戦略に落としこむ。次に、実行があり、検証する。検証は会計による。その検証に基づき、戦略を変容させるのである。

この一連の流れを示したものが図16であり、エマージェント戦略における戦略マネジメントである。不明確で難解な用語によるフレームワークで、膨大なデータを集め、過剰な予測や分析を行う分析型戦略フレームワークではなく、最低限必要な戦略要素により、戦略立案、つまり仮説を立て、素早い実行による検証を行うことが、中小企業に適した戦略マネジメントであると考える。

この戦略マネジメントでは、戦略と計画を明確に分けることを示している。戦略要素つまり、セブンエレメンツモデルにある要素に従って戦略をつくり、それを計数化したものが計画である。セブンエレメンツモデルが定性的な戦略要素によって構成されており、その戦略に基づき定量的な計画に移行する。そして、会計による検証を行い、それを戦略にフィードバックするというＰＤＣサイクルを、スピードをもって実行する。

このチャートについてもセブンエレメンツモデルと同様、一見しただけで戦略マネジメントサイクルをイメージできることが大きな特徴である。

図16

セブンエレメンツモデルによる戦略マネジメントチャートを実践する

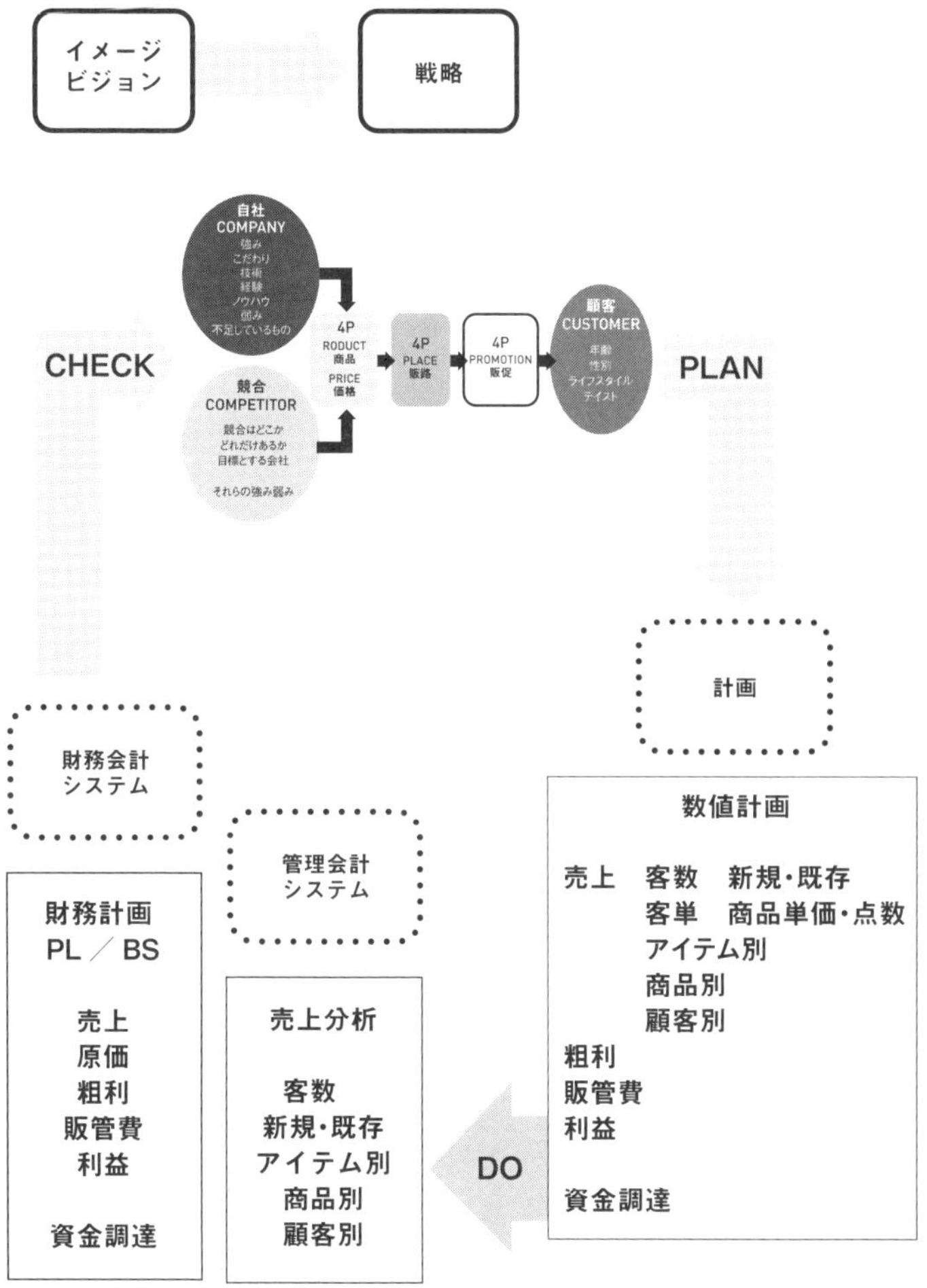

セブンエレメンツモデルは、商流が明確に示されているため、数値計画に落とし込みやすいことも特長であり、具体的な方法は次のとおりである。

戦略から数値に落とし込む際に必要な要素は、まず「売上」である。

売上は客単と客数の乗である。セブンエレメンツモデルには、商品（価格）と顧客がつながっているので、どれだけの数量を一人の顧客に売れるか、その顧客が何人いるかをイメージしやすい。

次に、数値計画に必要な要素は販管費である。売上の際に想定した顧客がどこに存在するかを考えて、販路と販促を考えて、投資と販管費をそれぞれ計画していく。

計画が実行段階に入ると検証が必要となる。計画通りの売上か、客単と客数、販管費は計画通りか、という検証をしていく必要がある。それらの検証に必要なデータは、管理会計上のデータが必要である。一般的に中小企業の場合、管理会計ソフトを導入していないか、導入していたとしても検証に必要な設定、たとえば商品群別、販路別、販促別、顧客別の分析ができる設定になっていないことが多いが、検証には必須である。その必要性がセブンエレメンツモデルによって理解できる。

第4章

エマージェントプロジェクトを始める前の「場」づくり

セブンエレメンツモデルの実践法①

中小企業がエマージェント経営をできない理由

エマージェント経営の「戦略」「フレームワーク」「プロジェクト」

前章まで、PDCサイクルのプラットフォームとなる戦略フレームワークをみてきた。

ここで、一度、整理しよう。

本書冒頭で、ポストコロナを生き延びるためには、「エマージェント経営」をすることが必須だと述べた。

その**「エマージェント経営」とは、創発的な戦略による経営**、いわゆる日本的経営のことである。

そして、そのエマージェント経営の戦略形成、いわゆる**「エマージェント戦略」は、トップ・マネジメントに限らず、現場に近いあらゆる階層の人々によって形成される戦略。いわゆる、「現場力」を活かしたもの**であると述べた。

現場が自ら問題抽出→課題設定→実行→検証のPDCサイクルを回して、カイゼンを繰り返すことで、生産性を上げて、思いがけないイノベーションが生まれるという戦略である。

しかし、中小企業ではPDCがうまく回らないことが多い。その原因の1つに、そのプラットフォームとなる戦略フレームワークがないことがあげられた。PDCを回すためのプラットフォームとなるもの、わかりやすくできる手法が確立されていないのである。

そのため、前章では**戦略分析、戦略形成に用いられるツール**であり、エマージェント戦略を実際に行っていく際に活用する、戦略フレームワーク「セブンエレメンツモデル」を提示した。

そして、この章から2章にわたって示していくのは、**「エマージェントプロジェクト」**についてだ。

「エマージェントプロジェクト」とは、「エマージェント経営」を行うための場のことである。戦略フレームワーク「セブンエレメンツモデル」をベースとしながら、どのようにプロジェクトを実行すればいいのかを伝える。

そのエマージェント経営の基礎となる創発的な戦略が生まれる、そのプロジェクトの「場」とは、「小集団活動」のことである。

小集団活動によって、カイゼンを行うルーチンの仕組み化、PDCサイクルの仕組み化を、具体的に行っていくのである。

中小企業の問題点

しかし、いざ、その**エマージェントプロジェクトを中小企業で実行しようとする際に、大きな2つの問題点がある。**

①**「中小企業の組織特性」**と②**「支援者のスキル」**である。

①の「中小企業の組織特性」については、従業員数が少ないゆえのコミュニケーションの問題がある。たとえば、大企業であれば、組織が明確に分けられ、コミュニケーション・意見交換の仕組みもあり、ある程度思っていることを言える。しかし、中小企業は従業員の数が少なく、組織・役割も明確に分かれていない。

そのため、思っていることを言うと感情的なものが残り、仕事がしにくくなるので、コミュニケーションに問題が出てくるのだ。そのような組織では、外部からの人材も疎外されやすい。これが中小企業の組織特性の問題である。

②の「支援者のスキル」については、これは支援者に大企業出身者が多いことでの問題である。ひとことでいえば、大企業出身者は中小企業を「上から目線で見る」のである。大企業出身者は「そんなつもりはない」と、無自覚なことが多いから厄介だ。中小企業の経営者に大企業出身者の印象を聞くと、「上から目線で見る」「自分で行動せずに、指示ばかりする」「プラ

イドが高く周囲に溶け込まない」「大企業のやり方を押し付ける」「現場仕事ができない」……など、大企業出身者は使いにくい、という印象だ。

この2つの問題点が、中小企業のエマージェント経営のボトルネックとなっている。

そこで、まず〝中小企業の受け入れ態勢を整える目的〟で、プロジェクトを設置する。

つまり、まずコミュニケーションの仕組みをつくるのである。

そのプロジェクトとは、通常のライン、スタッフの組織外の、特定の目的のためにつくられた寄せ集め集団である。要するに、現場のスタッフと、組織トップの人材、外部の支援者などが、少人数で集まり、実行する小集団活動である。

この集団で、課題抽出を行い、ＰＤＣサイクルを回して、カイゼンを繰り返していくことで、課題解決を促していく。

これは通常の業務以外となるので、比較的周りの人の顔色を見ずに意見が出やすく、外部人材が受け入れられやすい。

そのため、これを、エマージェントプロジェクトとして、エマージェント経営の基礎としている。

すべての中小企業は人材育成・組織運営に悩んでいる

筆者は、内閣府のプロフェッショナル人材戦略事業の兵庫県戦略マネージャーに就任して、県下の中小企業の人材採用の支援をしている。令和2年5月現在、約4年間で、約400社の中小企業を訪問して、人材ニーズについての聞き取りを行ってきた。

その結果わかったことは、多くの中小企業が「人材育成の悩み」を抱えているということだ。たとえば、工場長がいない、営業統括がほしいなどの人材ニーズを聞くのだが、「それでは現在、工場長、営業統括は空席ですか？」と聞くと、そうではなく、そのポストに人材はいるのだ。だが、その人材は「部下の育成ができない」「組織運営ができない」という問題があるため、人材育成と組織運営ができる人材が欲しいのだという。

このような問題をかかえる会社が、約400社のほとんどを占める。私は、この問題はプロフェッショナル人材戦略拠点が支援する人材採用マッチングだけでは解決しないと考えた。

中小企業の「事業の維持・拡大を志向する企業の抱える経営課題」[*1]では、求める質の人材がいない、人材の人数が足りない、社内人材の教育・育成などといった、人材の課題が6割近い。「中小企業の育成に関する課題」[*2]においては、育成する社員がいない、忙しくて育成できない、育成ノウハウがないというような課題が7割を超えている。

これが、中小企業の組織学習、人材育成についての大きな問題点だろう。

日本の経営で特長的なものは「小集団活動」であり、これがカイゼンのための組織学習のみならず、トヨタにみられるような「人材育成」の軸となっている。

しかし、これら小集団活動による組織学習、人材育成が、中小企業・小規模企業では、ほとんど行われていないのである。

多くの中小企業は、採用を「即戦力」の中途採用に頼りがちである。つまり、仕事をきちっと教えてもらった経験がないので、教えられない。育成のノウハウがないので、経験のある中途採用者に頼ることが、人材育成の難しさの原因ともなっているのである。

また、中途採用者が多いと、社内での、年齢、社歴、職歴がバラバラで、命令系統が明確でないため、小集団活動などのコミュニケーションが機能しにくい組織風土になってしまう。

これが中小企業の最大の問題点である。コミュニケーションは現場の小集団活動、エマージェント経営の基礎となるからである。

「人材育成に関する外部との連携[*3]」について、中小企業庁の調査によると、育成については9割近い企業が支援機関、コンサルタントに頼っている。一方で、支援機関やコンサルタントの人材に関するサービスは「育成セミナー」がほとんどである。一般的に、セミナーではそれぞれのポジションで求められることを座学で教えられることが多い。座学の問題点は、その時その気になっても、自社に帰ると「やっぱり当社では実行は難しい」となってしまいがちなことである。これらセミナーを補完しうる新たなサービスが求められている。

日本の会社数[*4]は、2020年時点で、大企業約1万1000社、中小企業160万社。中小企業の内、小規模企業119万社である。

中小企業の定義は、資本金または従業員数が、製造業3億以下または300人以下、卸売業1億以下または100人以下、サービス業5000万以下または100人以下、小売業5000万以下または50人以下であり、小規模企業は製造業20人以下、卸売業・サービス業・小売業5人以下である。割合でいうと、中小企業が99・7%とほとんどが中小企業で、特にそのなかで小規模企業は75%と、いかに小さい企業が多いかがわかる。

そして、支援を必要とするのが、この圧倒的に数の多い小規模企業を中心とした100名以下の企業なのである。

大企業や中堅企業は支援を必要としていない、ということではない。そこは既存のサービスで課題解決できている。要するに、小規模企業に適したサービスが少ないということである。

既存のサービスとは、課題解決のためのコンサルタントや人材を企業にマッチングする人材会社である。つまり、大企業や中堅企業向けのコンサルタントや人材マッチングは、ある程度、需要と供給がバランスを保っているが、小規模企業の課題解決のためのサービスは充足されていない。ここに大きな問題点があると考える。

100人以下の中小企業が求める人材──採用するか顧問を使うか？

次に、規模の小さい中小企業が外部人材を使う場合、「採用」したほうがいいか、それとも「顧問」としたほうがいいか、という視点でみていく。ここでは、20代、30代ではなく、40代以上のプロ人材について検討する。

筆者が訪問して経営課題を聞いた約400社をベースにみていくと、人材を求められる職種は大きく分けて、〝経営〟、〝管理〟、〝現場（営業・製造）〟である。

まず〝経営〟については、社長の右腕的な人材が求められる。

社長の悩みは、もっときちっとした組織運営・人材育成をしたい、会社の将来がみえないので戦略をつくりたい、というものだ。つまり課題は、全体の統括、部門間の横ぐし、組織的運営、戦略立案などである。この課題すべてを解決してくれる人材を探してほしいという要望である。

該当するプロ人材像は、大企業・中堅企業の役員・管理職、または子会社の社長経験者だろう。このようなプロ人材は存在はするが、規模の小さい中小企業では「採用」という方法は難しい。原因は、給与などの条件とポジションである。

特にポジションが難しく、社長の右腕なので、トップに近く、現場に遠い存在となり、現場から疎外され、成果が上がらない例が多く見られる。１００人以上の規模になると組織運営ができているので、比較的外部のプロ人材を受け入れる態勢になっているが、50人以下の企業では、「居場所がない」状態となってしまい、会社にとってもプロ人材にとっても厳しいことになる。

「顧問」の場合は、採用よりはコストが安く、採用に伴うリスクも少ないといえる。そのため、「採用」よりも「顧問」のほうがうまく機能する。

しかしそのポジションについては、外部人材なので、社長とだけで進めると、現場からは全く知らない人となってしまい、成果が期待できない。顧問が自ら、現場と同じ目線で問題点を聞き出す姿勢が必要だ。これが顧問に求められる人間力である。

次に〝管理〟については、総務・経理の責任者、または責任者補佐の人材要望が多い。適合する人材は、中堅企業の管理部門経験者である。大企業の管理部門経験者が適合しにくいのは、管理部門の仕事が大企業と規模の小さい中小企業では大きく異なるためである。このポジションは、権限と責任が伴うので、「顧問」ではなく、「採用」人材が適切である。

〝現場（営業・製造）〟についての要望は、営業や製造の責任者、または責任者補佐である。適合する人材は、大企業・中堅企業の現場経験者である。このポジションも管理人材と同様、

「顧問」よりも「採用」人材が求められる。

ただ、管理も現場も、他部門との横ぐしを入れるポジションを求められることがある。その場合は、経営人材と同じ状況となり、「採用」よりも「顧問」のほうがうまく機能する。

また、企業の立地からみると、都市部から離れた遠隔地の場合、「採用」よりも「顧問」で外部人材を使うケースが多くなる。これは、採用する人材が地域に存在しないため、都市部から週数回、月数回の頻度で仕事をする顧問または兼業副業の形態が適切だからである。

＊

少し、話をまとめよう。多くの中小企業が「人材育成・組織運営の悩み」を抱えている。「人材育成」の軸となるのは、エマージェント経営の基礎となる「小集団活動」である。小集団活動でカイゼンを行うことで、組織学習のみならず、人材育成もできるのだ。

しかし、現在、中小企業・小規模企業のほとんどは、小集団活動による組織学習、人材育成を行えていない。ノウハウがわからないからだ。

育成ノウハウがないため、即戦力となる中途採用者に頼りがちになる。しかし中途採用者が多くなることによって、社内での、年齢、社歴、職歴がバラバラになり、命令系統が不明確になり、小集団活動などのコミュニケーションが機能しにくい組織風土になっている。

さらに、この状況を変えようとして、「顧問」いわゆる「外部の支援者」を受け入れる。しかし、この「顧問」は、適切なところに入ってもらわなければ、より混乱を招くことになったり、社長とだけで話を進めると、現場からは全く知らない人となってしまい成果が期待できない。

このような状況、いわゆる冒頭で述べた問題の1つである「中小企業の組織特性」の問題を打破するために必要なのは、やはりエマージェントプロジェクト（小集団活動）だ。

また、**エマージェントプロジェクトは、「顧問」の受け入れ態勢としても、設置するのにも有効だ。**

顧問はプロジェクトで、「課題解決、戦略分析・立案」（ステップ1）をしたうえで、アクションプランをつくる支援をするだけでなく、「実行支援」（ステップ2）にも携わることができる（ステップ1とステップ2については、後述する）。

それでは、次の項から、中小企業に実施していただきたいエマージェントプロジェクト（小集団活動）のノウハウ、仕組み、なぜそれが大切なのかを示していく。

図17

課題別・人材サービス選択の考え方

	部門・組織	課題	前職、キャリア	採用	顧問	根拠
経営課題	経営	全体の統括	中小企業・中堅企業・大企業子会社の社長・取締役、現場経験があり実績のあるフリーランス等	△	○	社長の右腕的な人材を採用する場合、ポジションが難しい。既存人材との摩擦が起こりやすく、退職リスクが高い。課題解決プロジェクトを設置して、プロジェクト支援の形で顧問人材を配置するほうがリスクが少ない
		部門間の横ぐし				
		組織的運営				
		戦略、課題の整理				
	管理	統括・他部門との横ぐし	経営管理人材に加え、現場責任者等	△	○	上記経営管理人材と同じ
		経理・総務統括	経理・総務責任者	○	×	顧問、兼業では権限と責任が伴わない
		経理・総務作業	採用の場合、現場経験者顧問の場合、経営管理人材に加え、現場責任者等	○	△	管理等の仕組みづくりはプロジェクトで顧問でも可
	製造・営業	統括・他部門との横ぐし	経営管理人材に加え、現場責任者等	△	○	上記経営管理人材と同じ
		製造・営業統括	現場責任者	○	×	顧問では権限と責任が伴わない
		製造・生産管理	採用の場合、現場経験者顧問の場合、経営管理人材に加え、現場責任者等	○	△	管理等の仕組みづくりはプロジェクトで顧問でも可
		営業・マーケティング	採用の場合、現場経験者顧問の場合、経営管理人材に加え、現場責任者等	○	△	遠隔地営業及び、マーケ、ウェブの仕組みづくりはプロジェクトで顧問でも可

エマージェント経営の組織学習――小集団活動

日本企業の社員教育の歴史的変遷

企業の学習については、「社員教育」、「企業内教育」、「人材育成」、「人材育成マネジメント」など、多様な表現方法がある。教育とは、人間に意図をもって働きかけ、望ましい姿に変化させ、価値を実現する活動である一方、学習は主体的であるといえる。[*5]

日本企業の社員教育の歴史的変遷の概略について、戦後復興期には、アメリカの監督者訓練プログラムや管理訓練プログラムが導入された。また人事院では、それらを参考にした監督者研修プログラムを作成するなど、アメリカの教育方法を模倣したり導入した。高度成長期では、輸出産業の成長に伴い、労働力や技術革新の必要性から、人材の能力開発が体系化された。オイルショック以降は、企業内教育が一時停滞したが、この時期は小集団活動による企業内教育が発展した。

小集団活動とは、いわゆるQCサークルのことで、職場で少人数のグループをつくり、自主的に業務に関連する目標や計画を立て、実行していく活動である。

これは社員の主体性で職場のカイゼンを行い、自己啓発と職場の相互啓発を促す社員教育となり、国際競争力を高めた社員教育の成功事例として国内外の研究者から評価を得ている。

この小集団活動は、1970年代の後半に普及し、職場の自主管理体制や職場開発の方法として発展した。国際化時代には、自動車や電機産業で国際競争力を高めたことに伴い、海外でのビジネス・スクールへの派遣が行われた。

また、1986年の男女雇用機会均等法により、女性労働者や中高年の職業能力開発の計画的・体系的な活性化が図られた。そして、バブル経済が崩壊した後の平成不況時には、国際競争時代の経営体質の強化につながる人材育成へのパラダイム転換が急務となった。つまり終身雇用と年功序列に基づく、一律の人材育成から、個人の自己責任に基づく主体性や個性を尊重する教育へ転換したのである。[*6]

このような流れの中で、小集団活動が企業内教育で発展し、日本の企業内教育での特徴的なものとなった。

しかし、この小集団活動は、2つの方向に変遷していった。1つは形骸化して衰退したが、もう1つはトヨタに代表されるように全社的に発展していった。

これが、世界的ベストセラー『最強組織の法則』の著者であるセンゲの「学習する組織」の模範となったといえる。実際に、センゲ自身も、日本における小集団活動から「学習する組織」のヒントを得ていると述べている。

アメリカでのトヨタ研究の第一人者といわれるジェフリー・K・ライカー（Liker,K.）は、センゲの「学習する組織」の概念に注目して、次のように述べている。

「絶え間ないカイゼンこそ、トヨタのシステムに生命を吹き込む原動力である。私の理解が進むにつれ、カンバン、ポカヨケ、アンドンといった（トヨタの）テクニックは、工程を常にカイゼンする従業員がいてはじめて、強力なツールになることがわかった。トヨタが使っているツールは、従業員に考えさせるようになっている」[*7]

つまり、真の学習する組織になるには、組織全体の学習する能力そのものが常に向上し、組織メンバー全員が刻々と変化する競争環境に常時適応できるようになっていなければならないとしている。まさに学習する組織そのものである。

ジェフリー・K・ライカーは、約20年を費やしてトヨタ生産システムを研究し、『ザ・トヨタウェイ』（稲垣公夫訳　2004年）を著した。トヨタが独自の企業文化をつくり上げ、絶え間ない学習のシステムをつくり上げたことは、はっきりしている。これは、トヨタが日本のカルチャーという土台に革新的なトヨタ生産システムを築き上げたことが大きな要因となっている。

次に、「小集団活動」と「学習する組織」の先行研究をみることで、組織運営と人間力の関係を考察したい。

人間力を生む小集団活動

(1)小集団主義

ここでは、文化人類学者である川喜田二郎の「小集団主義」と、センゲの「学習する組織」をみたうえで、2つの共通点について考察していく。

川喜田は、『生きがいの組織論―組織のなかの集団と個人』（日本経営出版会 1968年）にて、活力ある小集団組織について次のように述べている。

「組織が真に生き生きとした活力を保つには、人間革命を必要とする。そして人間革命の中心的課題は、いかにして生き生きとした創造的人間を、組織化のなかにおいて得るかである。

欧米流の組織感では、常に組織の矛盾が『組織か人間か』という形でしか問題が出されず、その中間の小集団の重要性は無視されがちである。これは、組織とか社会的権威と抗争する個人ということが主題の西欧の近代思想の流れ、集団と個人とを峻別し、この区分を絶対視する固定観念である。

一方、日本社会では、家族とか近隣、友人関係、親分子分、先輩後輩といった小集団関係が重きをなしてきた。これは、西欧のように個人と小集団の間に完全な断絶がないため、小集団の機能を発揮しやすいといえる」[*8]

つまり、西欧の個人主義に対して、日本の経営風土は集団主義である、と述べている。

また、「人間はリズムを持ち考える動物であるのに対し、機械はリズムなく単調な作業のできる存在だという。このような人間の本性に対し、その本性にふさわしく、力強く人間的なリズムを打たせ、考えることをも仕事の中に含めさせるような労働を、果たして我々の文明は創りだしてきたであろうか。否である。われわれの近代化は、機械文明を発達させてきた。それはよい。しかしその結果、いつしか、人間を機械とまちがえ、機械の代用品、しかも不完全な代用品と考える観念の文化をつくってきた」[*9]と述べ、西欧が組織を大きな機械を動かすように考えてきたことに対して批判を加えている。

また、「このような固定観念は、その反自然性がゆえに、働くものは欲求が満たされず、悩んだり、無気力になったり、怒ったり、そして隣人やこの世界に対して、憎しみをこそもてども愛情は感じなくなっていくことになる。ましてや創造的に働く気持ちも能力も失っていき、その組織は競争優位がなくなり、低い生産性しか発揮できなくなっていく」として、科学的管理法の考え方に対して、問題点を述べている。

また、より創造的であるための3条件について、川喜田は次のように述べている。[*10]

「人間的考察をすすめて、どういった状況で働いたとき、創造的に、深い充実と感動と喜びを感じるか。創造的に物事をやる場合である。

では、創造的に物事をやる3条件については、①自発的であること、②やり方にお手本がなく創意工夫を要すること、③切実な物事であること、である。

また、創造的な仕事とは一仕事とよべる重たい存在であり、単なる作業とは違うものである」

仕事と作業の違いについて、「問題提起─情報探検─情報の整理分類保存─情報の要約と分析─情報の統合と発想─情報の副産物の処理─情報判断─決断─構造計画─実施─結果を味わう」[*11]としており、問題提起を仕事の最初においていることが注目される。つまり、「問題提起」の段階から「結果を味わう」の段階まで、主体的に、一貫して仕事を行い、その結果を味わうことが重要である。

このように単なる作業ではなく、仕事をする人は、満たされ、成長したと感じ、創造の喜びを知り、やりがいがあったと思う。反対に、作業的にしかしていない人は、いわゆるやらされ仕事になり、達成感がなく、みじめな思いをするのであろう。[*12]

つまり、**自分で問題、原因、対策を考え、自ら実行していくことで、その問題を解決することに達成感がある**、というのである。

これは、ボトムアップ型に通ずるものである。逆に、いわゆる「やらされ仕事」では、モチベーションが上がらない。これはトップダウン型であろう。

そして、川喜田は小集団活動における道具の重要性について、[*13]「仕事の十二段階」で示したような一仕事は、これを個人でやる場合もあれば、チームともいうべき小集団レベルでやることもあり、組織レベルでやる場合もある。たとえばチーム・レベルで、情報の収集処理段階にあたるところには、道具だての1つとして当然「会議」が必要とされ、「会議のやり方とはどうあるべきものか」が取り上げられるだろう[*14]として、小集団活動における会議の重要性と難しさを述べている。

つまり、チームまたは組織で仕事をする場合の技術や道具立てが必要であり、たとえばそれに会議がある。その会議運営はそれほどたやすいことではなく、中小企業の組織運営、人材育成が機能しないという問題点の原因が、この会議運営ノウハウがないことによると考える。

(2)学習する組織

センゲは「学習する組織」とは、人々がたゆみなく能力を伸ばし、心から望む結果を実現しうる組織、革新的で発展的な思考パターンが生まれる組織、共通の目標に向かって自由に羽ばたく組織、共同して学ぶ方法を絶えず学び続ける組織であり、自分たちが本当に望んでいるものに一歩一歩近づいていく能力を自分たちで高めていける集団だと述べている。

その核心部分は、「自己マスタリー」「メンタル・モデル」「共有ビジョン」「チーム学習」「システム思考」の5つの要素を基盤としたものであり、5つの要素を学び続け、実践し続けることによって、学習組織に近づくことができるビジョンである。

これはいわゆるハウツーを教わることではなく、実践に基づくワザを磨くことにより、組織行動の課題となる、業績・品質・顧客満足度・競争優位性・優れた労働力・変化対応などのさまざまな点でメリットがある。

「自己マスタリー」と「共有ビジョン」は、志を抱くための要素であり、「メンタルモデル」に「チーム学習」(「対話」)を加えたものが省察的コミュニケーションを促し、「システム思考」が複雑さの理解を助けると捉えており、そのどれもが、「チームのコアとなる学習力」として不可欠であるとしている。チーム学習で大切なことは、ハウツーを学ぶことでなく、「対話」であることを強調している。

ここで強調されることは、ハウツーのような技術的合理性を追求することよりも、省察的な実践者になることを促しており、省察的実践者として「チーム学習」を行うためのビジョンが学習する組織であり、そのビジョンを志向するためのワザが5つの要素ということである。

体系的に構築された理論を他者から教わろうとするのではなく、自らの組織に合う学び方自体を省察的実践者として自ら磨いていく学習を促しているのであろう。

センゲが『The Fifth Discipline』を著して、そのなかで「学習する組織」を提唱したのは1990年である。日本においても、「学習する組織」という考え方が注目されたが、もともとこの考え方は、さまざまな先行研究の功績を集約したものであり、特に日本企業を模範として書かれている部分が随所にみられる。同書が発表された1990年は、日本ではバブル崩壊のころだが、それ以前、1980年代後半は、自動車などの製造業をはじめとする日本企業が、世界を席巻していた。その一方で、アメリカにおいては、不景気の影響と日本企業のあおりを受けて、存亡の危機に瀕している企業が少なくなかった。ゆえに、米国企業を追随するようになった日本企業の社員教育のあり方から、示唆を得ようとしていたのであり、前述したように、日本における小集団活動からヒントを得ている。

『The Fifth Discipline』の著書の副題は、「The Art & Practice of The Learning Organization」。つまり「学習する組織のワザと実践」となるが、邦題のタイトルは、『最強組

織の法則―新時代のチームワークとは何か』（徳間書店刊）となっている。これは、「ワザ」（The Art）という意図が理解しにくく、出版にかかわった人々が別の副題を付けたほうが良いと考えたためであろう。その「ワザ」（The Art）については、アメリカの哲学者であるドナルド・ショーン（Schön.D.）が1983年に『省察的実践とは何か』で述べているものであり、センゲとショーンはMITにおいて同僚として、一時期をともにしており、学習する組織はこの省察的実践を行う組織を示したのであろう。

センゲが、省察的実践・ワザという言葉を使ったのは、テイラーの考え方を基礎とする経営科学のあり方への批判に基づくものであると考えられる。テイラーの考え方は、組織を「機械のようなもの」とみなしており、組織を機械のようなものとみなしている管理者は、問題があると、機械が故障しており、修理が必要であると考える。つまりあなたは故障しているので修理が必要だということになる。

管理者は、家庭や個人的な人間関係において、そのような考え方は逆効果になることを知っているにもかかわらず、企業においてそのような行動をとるのは、テイラーの科学的管理法の考え方が源泉となっている。

センゲは、機械は、誰かがそれを変えない限り変化しない。機械は故障するものであり、修理の必要がある一方、生きたシステムは自ら学習し、成長し、進化し続ける能力を備えている、と捉えており、「学習する組織」というビジョンを打ち出した。そこには、ショーンと同じように、テイラーの考え方から発展してきた技術的合理性を追求する経営科学に基づくパラダイムの転換を促す意図があると考えられる。

つまり、管理者が組織を機械を動かすように、トップダウンで操作するのではなく、自らの力でボトムアップにより動いていくことを促し、自ら学び、問題を解決することの重要性を述べたと考える。

「学習する組織」の約20年前に著された川喜田二郎の『生きがいの組織論―組織のなかの集団と個人』において、すでに同様の考えが示されている。

「学習する組織」と「小集団主義」の共通点

センゲの5つの要素と、川喜田の小集団活動の共通点について述べる。

センゲは、「自己マスタリー」と「共有ビジョン」は志を抱くための要素であり、「メンタルモデル」に「チーム学習」(対話)を加えたものが省察的コミュニケーションを促し、「システム思考」が複雑さの理解を助けると捉えており、そのどれもが、**「チームのコアとなる学習力」として不可欠であるとしている。チーム学習で大切なことは、ハウツーを学ぶことでなく、「対**

話」であることを強調している。

川喜田は、「人はなぜ働くか」という基本的認識から、日本社会に根づいてきた小集団活動の重要性を説いている。「人はなぜ働くか」という問いは、自己マスタリーにつながる考え方であるといえる。

次に川喜田は、創造的な仕事の条件として、「切実な物事」とその「問題提起」を上げているが、これは共有ビジョンにつながると考えられる。また、川喜田は小集団の特徴として、「第一次的直観的くみたてを誘発するにふさわしい程度の質的バラツキのある情報が収集される。そして、〝情報をして語らしめる〟直感的くみたて作業が、あたかもラセン状に累積して深めやすいのも、この少人数性による」[*15]と述べているが、これは省察的実践をチーム学習で行うことにつながっている。

システム思考についてセンゲは、自分自身と世界を別個のものとみる態度から、世界とつながっているとみる態度への精神的な変化が必要である、と述べている。

一方、川喜田は、「組織が真に生き生きとした活力を保つには、人間革命を必要とする。そして人間革命の中心的課題は、いかにして生き生きとした創造的人間を、組織化のなかにおいて得るかである」[*16]としている。また、次のようにも述べている。

「一方、日本社会では、家族とか近隣、友人関係、親分子分、先輩後輩といった小集団関係が重きをなしてきた。これは日本社会が今なお、真の近代化都市文明段階を成熟させてこなかった履歴と関係がある。しかしこれは、悪いことばかりではなく、個人と小集団の間に完全な断絶が無いため、本来必要な小集団の機能を新しく復活させる場合、日本人はその大切さを、すぐに認めることになる[*17]」

つまり、日本社会が小集団関係に重きをなしてきたことの優位性に対し、西欧の個人主義がチーム学習の壁になり、その打破のためにシステム思考が必要となるのである。

川喜田の指摘するように、日本には小集団を重要視する歴史的風土が存在してきたことに対し、西欧の近代思想による個人主義、特に、アメリカは労働市場形成の過程により、個人的、機械的な組織となった経緯がある。

センゲ自身も言及しているように、日本の小集団活動を学習する組織が模範としたと考えられる。

成果の上がる組織学習の仕組み

小集団活動の前提

前述のように、**日本の人材育成で特長的なものに、小集団活動があげられる。**

繰り返すが、小集団活動とは、職場で少人数のグループをつくり、自主的に業務に関連する目標や計画を立て、実行していく活動である。

これがエマージェント経営の基礎となる、現場がPDCサイクルを回すノウハウである。

ここから、それを実施するための前提となることをみていく。

組織学習のあるべき姿

小集団は、7人程度であることが必須だ。

「理想的な状況は、学習活動のあらゆる段階を計画する、あらゆる側面は、すべての参加者が関与できるくらいの大きさのグループになっている場合である。（中略）このような最大限の参加が良好な状態にあるのは、小規模のコースや活動プロジェクト、ワークショップ、クラブのプログラムなどにおいてのみであろう」[*18]という。また、川喜田も、学習効果が最も上がるグループの人数を7人程度と提示している。

10人を越す班になると、だんだんうまくいかなくなる。10人を超すと、おそらく人々の相互の関係が他人的になり、リーダー型のメンバーたちと分離して、少しずつだが使用者的態度になりやすくなるのであろう。

このことから、小集団というものの規模と限界と意味とが、理解されはじめた。班という小集団が、この機能に関する限りでは、個人に対する全体になったが、6、7人という、顔をつきあわせあった小集団では、人々相互のあいだの人間的な接触の強さのために、お互いによく理解しあい、個人と全体との対立がほとんどなくなるからであろう。それどころか、孤独な各人に対して、全体がこれを激励し、心の支えとさえなる。

つまり、**小集団活動は、6人から7人が適正な大きさ**である。

また、小集団の効果としては、次のように述べている。

「小集団によるチームワークの重要性がこの点に深く関係している。チームといわれるほどの小集団では、各人が現場の事実に直結した発言をすることができる。このため、第一級に信頼しうる良質のデータをお互いに提供できる。

次に、人数が多すぎないため、第一次的直観的くみたてを誘発するにふさわしい程度の質的バラツキのある情報が収集される。そして、『情報をして語らしめる』直感的くみたて作業が、あたかもラセン状に累積して深めやすいのも、この少人数性による。そのメンバーがそれぞれちがった個性と能力を持っていることも恐るべき利点である。これらの利点は、かの非個性的な大量の衆力の機械的操作統御の道からは、とうてい得られないものである。このように、衆知をくみたてるというのは、一個の創造的活動である[*19]」

ハード・データ（生産数量や売上高、価格など、実際の経済活動の結果を集計したもの）に頼ることなく、現場の生の情報・事実を共有し、それを問題解決につなげていくことができる。

ハード・データは、①ハード・データは、調査対象領域にしばしば限界があり、豊富さに欠け、重要な非経済的・定量的な要素を取り込むことに時折失敗する。②多くハード・データは、戦略作成に対して効果的に活用するには集約されすぎている。③多くのハード・データの入手のタイミングは、戦略作成に活用するには遅すぎる。④最後に驚くべき多くのハードな情報は信頼性に欠ける[*20]、といわれる。

つまり、度重なる研究による検証で、あらゆる種類のマネージャーが主に口頭での意思疎通に依存しており、これは時代遅れなどではなく、ハード・データの限界を認識してのことであると考えられる。

学習の題材＝自分が直面する課題

自分たちの直面する問題に取り組むことが最も重要なことである。成人教育者は、彼らが関わっている人々や組織の今ここでの関心事に、主に歩調を合わせるべきである。[*21] つまり、自分が直面している問題・課題を取りあげるべきであることを示している。

他社の事例やつくられた設定では、学習への方向づけが不明確になる。また、学習プログラムを計画するにあたり、その対象となる人や組織のニーズについて、彼らがどのような訓練を必要としているかとたずねるよりも、彼らがかかえる問題に関連したテーマを質問するほうが、より正確で役に立つ情報を手に入れられる。[*22]

また「グループでの問題分析は、監督者や役員と一緒になってその組織の問題を分析するものので、訓練へのニーズを決めるのに優れた方法である。たとえば、当該部署や部局の監督者グループは、訓練の係員がいてもいなくても、一緒に問題点を議論し、問題の原因を分析し、問題解決に必要な変化が何であるかを決定していくとよい。（中略）そのプロセス自体が、参加者に自らの問題の学習をいっそう分析的にさせ、問題を提起し、提案し、他の参加者の視点や提

図18

学習効果における人数とテーマの相関関係

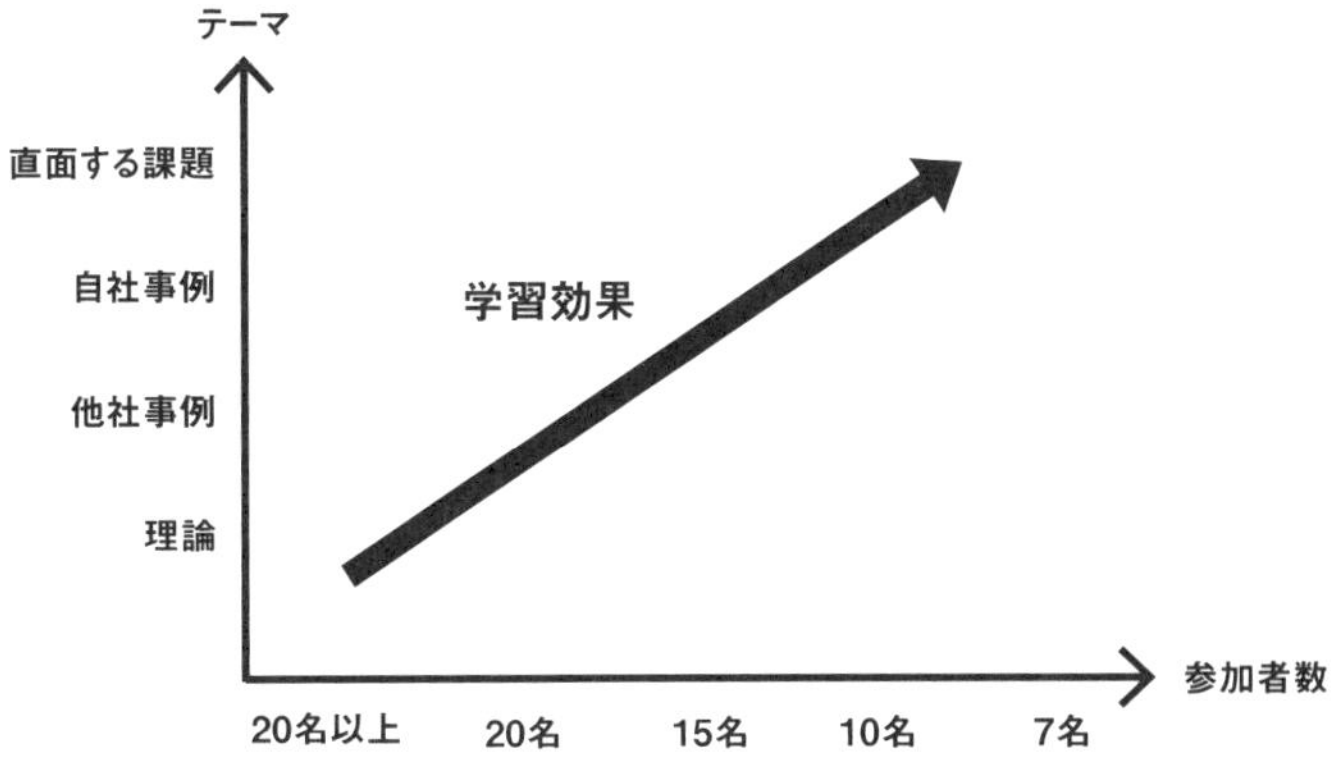

案を聴き、お互いに助け合う機会を提供する訓練なのである」[23]という。

川喜田も、より創造的であるための3条件の1つとして、「切実な物事であること」[24]、また創造的な仕事とは、「問題提起—情報探検—情報の整理分類保存—情報の要約と分析—情報の統合と発想—情報の副産物の処理—情報判断—決断—構造計画—実施—結果を味わう」[25]と説いている。つまり、自分で考えることの重要性を説いているのである。

ドナルド・ショーン（Schön.D.）は、プロフェッショナルとは、問題を定義づけ、解決してくれる人々であり、私たちは彼らのおかげで、社会の進歩に向かって努力することができる。[26]プロフェッショナルの実践が、少なくとも問題を解決することと同じくらい、問題をみつけることにかかわるならば、問題の設定もまた、プロフェッショナルの実践であると認識することができるだろう。（中略）管理職にとって、「正しい問題をみつけようとする」ニーズが、意識的な行動原理となっている例もある。[*27]と、**プロフェッショナルにとって、最も重要な仕事を「問題の設定と解決」だと述べている。**

このプロフェッショナルな人材育成こそが、中小企業の最大の課題である。

ここまでみてきたように、学習効果つまり、人材育成や問題解決の効果を上げるためには、以下の条件を満たすことが、まず大切だ。

1. **7人程度の小集団とする。**
2. **自分たちの直面する問題が題材となる。**
3. **自分たちで考える。**

これは一見当たり前で、どこでも実行されていることのように思えるが、このような仕組みを持っている中小企業は非常に少ない。定例会議などをしている会社は多いが、下からの意見は出ず、社長ばかりが一方的に喋っているケースがほとんどである。

ことがわかった。

組織学習の支援方法――支援者のスキル

小集団で、自分たちの直面する問題を自分たちで対話することが、最も効果的な学習を生む

しかし一方で、それは簡単なことではなく、ノウハウが必要で、自分たちだけではできないという矛盾もはらんでいる。

川喜田は、小集団の具体的な方法論について、「事実をして語らしめよ」などといっても、実際問題として、どうやれば「語らしめた」ことになるのか、ほとんどの人がやり方を知らないことである。(中略) これができないばかりに、現場の貴重な諸事実を無視し、ただいたずらにいらいらさせられる混沌から去って、現場を逃れようとする人々も、またじつに多い。そこで、事実をして語らしめる技術が広く文化的財産となることが必要なのである。これについては、私は『パーティ学』及び特に『発想法』という本で述べた。[*28]として、いわゆるKJ法と呼ばれる発想法の紹介をしている。

また、アメリカ合衆国の成人教育の理論家であるマルコム・ノウルズ(Knowles,M.)によると、自己主導的学習において自律的であるためには、how to learnを学ばねばならない。しかし、how to learnを学ぶためには、人は学びの経験が必要である。学習活動の基準と範囲が知られ

ていなければ人は自分自身に頼ることはできない。ここに自律的・自己主導的学習のパラドックスが生ずる。そこで自己主導的学習者は、しばしば支援を必要とする。

そう。支援者によっての支援が必要なのだ。

外部人材による支援者がいたほうが、エマージェントプロジェクトもスムーズに進みやすく、まとまりやすい。

しかし、本章の冒頭で述べた、中小企業のエマージェント経営を実行する際のボトルネックとなっている2つの大きな問題点の1つは、「支援者のスキル」である。

どういうことが問題なのか、どのように支援することがいいのか、ここから述べていく。

マルコム・ノウルズは、子どもと成人の教育は同一の理論や技術では対応できないのではないかという疑問から、この問題意識のもとに彼自身の現場経験と関係者の意見に基づいて学習者である「大人」にマッチした教育技術を探求する作業として、その特性の構造化を図った。「成人の学習経験は、本来的には自発的な探求のプロセスであるべき」[*29]としており、いわゆるティーチングによって一方的に教える形式を否定している。そして、「私の態度は援助者のようなものであって、伝統的な意味での教師のようなものではない」[*30]としている。

「ペダゴジー（pedagogy）」とは、ギリシャ語の「子ども」を意味するpaidと「指導」を意味するagogusの合成語から成る言葉で、「子どもを教育する技術と科学」のこととし、「アンドラゴジー（andragogy）」とはギリシャ語の「大人」を意味するanerと「指導」を意味するagogusの合成語で、「大人が学習するのを援助する技術と科学」のことである。[*31] つまり、ペダゴジーは子ども教育、アンドラゴジーは大人学習として位置づけられている。両モデルは対極的な性格をもち、子どもを対象とする教師主導の教授論のペダゴジーに対して、大人の学習支援を中核とするアンドラゴジーという、全く新しい教育理論であるといえる。

マルコム・ノウルズは、支援者の支援方法について、次のように述べている。

「本当に技術のある成人教育者は、学習への責任の拠点が学習者の中にあることを知っている。彼らは、自分が知っていて学習者が学ぶべきことを教えたいという自分の思いを、誠実に抑えている。学びたいことを学習者が自分自身の力で学ぶのを援助するためである」[*32]

つまり、**支援者が答えを出すのではなく、一緒に考え、また学習者が自らが答えを出すようにかかわることが求められる**と説いている。

また、支援者が心がけるべき学習の心理的な雰囲気については、成人が受容され、尊敬され、支持されていると思える雰囲気が大事なのである。そこには、教師と生徒との間に共同探究者としての相互性の精神がある。罰やあざけりの恐れがない表現の自由があるのである、[*33] としており、また、他のいかなる要因よりも、学習の雰囲気のあり方により大きな影響を及ぼすのが、教師の行動である。

教師は、生徒への関心や尊敬の意を示すという態度で接しているか、それとも生徒を基本的に知恵の伝達のための受け皿とみなしているかということを、さまざまな形で伝えている。しかし、教師が実際に生徒のことを気にかけ、彼らの貢献を尊重していることを最もはっきり示している行動は、おそらく生徒の言ったことをしっかりと聞くという行為であろう。[*34] つまり、教師の態度で上から教えるという態度ではなく、共同探究者として、同じ目線で、一緒に考えるという雰囲気をつくることが有効である。

その雰囲気をつくるための参考となることをあげておく。

学習の評価

マルコム・ノウルズは、伝統的な教育実践と成人の自己決定的自己概念との間の不均衡の決定的な例は、教師が生徒に成績をつけるという行為であろう。他の成人から診断されること以上に、成人を子供のように感じさせることはない。これこそが、軽蔑と依存性の最たる兆しなのである、[*35] という。

つまり、教師が生徒の評価をするために成績をつけるのではなく、〝学習者である成人が、自分、または自分たちが教育目標に対して進歩しているかを自分自身で見つけられるようにしなければならない〟ということだ。

また、**経験的技法の強調**について、以下のように述べている。

「成人自身は、子供に比べるとより豊かな学習への資源である。したがって、成人学習者の経験を引き出す技法がさらに強調される必要がある。

たとえば、集団的討議法、事例法、決定的事例法、シミュレーション、ロールプレイング、技能訓練、フィールド・プロジェクト、アクション・プロジェクト、実験室法、相談指導、実演、セミナー、作業会議、カウンセリング、グループ・セラピー、地域開発など。（中略）より参加的で経験開発的な技法へのはっきりとした強調点の意向がうかがわれる。実際のところ、『参加』や『自我関与』は、成人教育者の辞書のなかでは太字になっている重要な用語である。そこにはしばしば、学習プロセスにおいて、学習者の役割が積極的であればあるほど、彼らはよりいっそう学んでいるであろうという仮説がある[*36]」

参加者たちの紹介の仕方としては、オープニング・セッションの最初の段階では、一人ひとりが、少なくとも数名の人と密接に結びつけられていると感じられる学習の雰囲気をつくることが、必要不可欠である。

参加者は以下のようなことがらを共有するのが望ましいとしている[*37]。

①どんな人であるのか‥以前や現在の仕事上の役割、以前に受けた訓練、おそらく住所も。
②だれであるのか‥一人の人間として個性あるものにする個人情報。たとえば、一風変わった趣味、関心、苦手なもの、その他のパーソナリティ特性など。
③以前に受けた訓練や経験からはどんな特別な情報をこの学習経験にもち込み、どんな経験を他者と共有したいと考えているのか。
④この活動において、援助を得ることを望むような、どんな問題や疑問、課題を持っているのか。

雰囲気づくりにおいて最も重要なことは、参加者同士も指導者も、顔と名前が結びつくことである。

いわゆる、アイスブレークの重要性を述べている。

参加者が指導者にどのように扱われるかについては、指導者のふるまいは、打ちとけた雰囲気を形成するための最も影響力のあるものである。指導者の話の聴き方が、参加者同士の聴き方に関する規範を形成するということである。

このことは、他の何よりも、グループ内に広がる相互尊重の度合いを決定する。指導者が自分自身や自分の役割に対する態度は、瞬時に参加者に伝わり、参加者と彼らとの関係を規定する。答えを一緒に探求し、それをクラスで共有しようとするならば、そこでの役割関係は相互的な探求者の関係として規定される。たとえ答えを知っているときでも、指導者が答えをペラペラと独断的に提供しすぎると、受講者たちは、自分たちで問いかけて獲得すればもっと深い意味を持てる情報についても、指導者を頼ってしまうようになりかねない。

指導者の行動が参加者にとって、皮肉っぽく、評価的で、卑下し、見下し、軽蔑的だとみなされるならば、それはどんなものであれ、明らかに相互的な関係を阻害するものとなる。

教科書に関しては、最も普及している教材の形態としての教科書は、学習に資する財産であると同時に負の遺産でもあった。教科書中心の教育では、「朗読―課題、そして暗記―試験」が典型的な学習経験である。こうした教科書によって押し付けられた構造に強く固執すると、個人差や学習者のニーズや関心、学習者の経験から生じてくる論点と問題点への考慮、自己決定的な探求の精神などを受け入れる余地がほとんどなくなってしまうことは明らかである。

教科書やその他のあらゆる情報源が学習への資源となるのは、それらが探求のプロセスにおいて、特定の情報へのニーズが生じたときに、学習者が赴く資源として用いるときであるという。[*38] 教科書、テキストの使用は、学習者に対して「答え」を提示するもので、便利なものであるこれが、本来、自分で考えることを放棄させてしまう逆効果になることを指摘している。

組織学習支援の基本的な考え方・まとめ

前述のように、中小企業の人材の育成ができない要因は、育成する社員がいない、忙しくて育成できない、育成ノウハウがない、ということが7割超である。

独立行政法人労働政策研究・研修機構の調査[*39]によると、日常の業務の中で仕事を効果的に覚えてもらう取り組みとして、「とにかく実践させ、経験させる」60％、また「仕事のやり方を実際に見せている」55％、が最も多く、「業務に関するマニュアルを配布している」19％、「個々の従業員の教育訓練の計画をつくる」13％は極めて少ない。

一方、OFF-JT（仕事を離れた場で座学や集合研修を通じた人材育成）の受講の有無について従業員に尋ねたところ、「受講した」は約16％と少なく、仕事への役立ちについて、「役に立った」は約31％となっている。

つまり、中小企業の人材育成は、とにかく現場で経験させるOJT（仕事を通じた人材育成）のみで、計画的にマニュアルやOFF-JTで行われることは極めて少ないことがわかる。

支援機関、民間業者によって外部の人材育成セミナーは頻繁に行われているが、参加したとしても、それらが「自分の課題を自分で考える」形になっているであろうか。ワークショップ形式のセミナーもあるが、大半は先生が生徒を教える学校形式のセミナーである。やはり、中小企業の人材育成のために、新しいタイプのサービスが必要であると考える。

エマージェント経営の支援に求められる人間力とは

支援者の条件

マルコム・ノウルズによると、「良い指導者であるということをどのように決定するのか？」という問いに対して、「指導者は、学習内容と技能に関する知識を身につけているだけでなく、そこで成功した実践者でなければならない」[*40]としており、理論だけではなく、現場の経験が重要であるとして指摘している。

そしてそのプロジェクトの支援者の条件については、次の3つがあげられる。

1. 現場経験のある支援者が支援する。
2. 支援者は学習者と一緒に考える。
3. 学習者が自ら答えを出すように支援する。

この支援者の条件を満たすことは一見やさしそうだが、実際にやろうとすると非常に難しい。一般的に、中小企業の支援者は、中小企業診断士等のコンサルタント、ノウハウを持っている大企業出身者で、いわば「先生」「指導者」の立場で支援しようとする。それぞれの「課題」に対して「回答」を示すのが支援者の仕事と考えている人が多い。または、教科書で理論を教えたり、ケーススタディと称して他社のケースをワークショップで行うことが多い。

そのため、前述したような、自分の問題を自分で考える、それを支援者が促す、という形になっていないケースがほとんどである。

支援者として、重要なことは、「同じ目線で、一緒に考える」ことである。

エマージェント経営は創発的な戦略による経営であるが、創発的な戦略が生まれる「場」が小集団活動である。

この**小集団活動における外部人材の支援者の使命は、メンバーの持っているアイデアを引き出すための外部の適度な「刺激」となること**である。これが、重要な役割だといえる。

求められる人材――上から目線の支援者は失敗する

顧問型人材会社が志望者の経歴書をみるポイントは、的確にキャリアが見えて、任せられる仕事がイメージできることである。経歴書を立派に美辞麗句で表現する、というより、具体的に何ができて、実績が何で、その実績のためにどう考え、どう行動したか、その中での悩みや工夫がイメージできることが重要である。

そして何より重視されることは、中小企業に寄り添ってくれそうかどうかである。難しい言葉が並んでいて、高度な専門性と実績が書いてあるよりも、わかりやすい言葉で相手に合わせるという姿勢が経歴書からイメージできるかである。

経歴書の次は面接であるが、人材会社がいうには「判断は会って1分もかからない」という。つまり、いかにも偉そうな人は駄目ということである。大企業出身で立派なキャリアがある人が、ある程度偉そうに見えるのは仕方ない。しかし、それが態度にも出ていて、その匂いをプンプン出している人がダメで、中小企業へ紹介しても、あとからクレームが来るのが目に見えている、とのことだ。

筆者はプロフェッショナル人材戦略拠点のマネージャーとして、約400社の中小企業を訪問し、課題解決できる人材についてヒヤリングした。

そのときに社長たちからは、大企業人材に顧問も含めて何人も来てもらった経験から、「大企業人材は当たり外れが多いので、中堅・中小企業出身者のほうがよい」という声が、本当にとても多かった。

要するに、大企業人材の最大の欠点が、上から目線である。

「社員の技術レベルが低すぎる」「設備が古すぎて話にならない」「報連相ができない」「モチベーションが低い」……など、口には出さずともそのように感じていることが明らかに態度に出てしまっているのだ。そして大企業時代にうまくいっていた方法を一方的に押し付ける。

結果は明らかで、社長の肝いりで入ったにもかかわらず、誰からも疎まれて辞めていく。

一方で、社長の期待通りの成果を上げる人に共通していることは、現場と同じ目線で、現場の声をよく聴き、一緒に考えて、たまに的確なアドバイスができることだ。

筆者は、売上約400億円の中堅企業に勤めた後、売上約20億円の中小企業に転職して、そこで社長になった。

その経験を振り返ってみると、社長になるまでは、社長がそれほど大変な仕事だと思っていなかったので、自分でもできる、さらに自分のほうがうまくできるのでは、と思っていたように記憶している。さらに、取引先の中小企業はもっと下に見ていた。全くお恥ずかしい話である。

社長になってから、経営が思うようにいかず、眠れない夜が続いた経験を通じて、中小企業の社長に対する認識が変わった。

自分ができると思っていたのは全くの勘違いで、経営の「け」の字もわかっていなかったのである。

「経営とは？」という疑問に対して、経営学の本や、経営者の体験談的な本、ビジネスについての諸々などで、知識としては持っていた。しかし経営者としての実体験はなかった。知識と実行は別物である、という当たり前のことがわかっていなかったのである。従業員としてのビジネスの経験と経営の知識はあるが、経営者の経験がなかった。それでも、自分で経営ができると勘違いして、中小企業を下に見ていたのである。根拠のない自信である。

これと同じような失敗は、事業承継でも散見される。創業者の息子が経営を勉強するために、大学院でMBAを取得し、卒業後コンサルタント会社又は同業の大企業に入社し、その後、事業承継のために父親の会社に入る。現場を適当に通過して、取締役となり、経営企画室長的な立場となる。これは、失敗する確率が高い。

なぜ、経営学を勉強し経営の専門家であるMBAを取得して、模範となる大企業の経験もあるのに、失敗することが多いのだろうか？

「経営とは？」という素朴な疑問に対して、ミンツバーグは、「経営とはクラフトのようなものである」、そして「しかし、それを科学と誤解していることが、今までの経営学の問題点である」と警鐘を鳴らしている。

工芸家が作品をつくるプロセスと社長が会社を経営するプロセスが似ているというのである。工芸家は、伝統技能、一心不乱な姿勢、ディテールへのこだわりが要求される。作品をつくるためには、イメージや過去の経験による知識と実際に作業を行う身体の調和が必須である。工芸家を次代に承継する場合を考えると、知識だけではなく、地道な現場の経験、そして感性も必要である。そのプロセスなしに、承継は不可能である。

ではなぜ経営は、そのプロセスを経ずに承継されるのか。それは「経営は科学である」という誤解によって、生みだされている。「経営は科学的に進めることが良い」「論理性な統制、競合他社・市場分析、自社の強みと弱みの分析、それらの分析による企業戦略の策定と実行こそが、最も優れた方法である」との認識がある。これはアメリカ発の経営学がもたらしたトレンドであり、日本にもその考えが蔓延している。

本場のアメリカでは、経営は科学であるという考えに基づいてMBAが育てられ、彼らがコンサルタントファームから一流企業のCEOに就いている。しかし、その結果は良くない。その失敗の原因は「ヒューマンスキルの欠如」「経営執行能力の不足」「社員や産業動向などを無視して、定型的（教科書的）に経営したこと」である。

経営は科学で論理的なものであるから、科学的に分析して答えを出せば、高い確率で、その通りにうまくいくものという考えは間違っている。

科学は経営の一部であるが、すべてではない。経営にはアート（直観・感性・感情）の部分があり、クラフト（技術・経験）の部分もあり、そしてサイエンス（論理・理論）の部分もある。

これらのバランスを取るのが、経営をうまく行う方法であり、経営者の個性でもある。今の米国的経営は、科学への比重が大きすぎる。アメリカのトレンドを追いかけがちな日本も、科学経営万能的な方向に行きすぎている傾向にある。

中小企業の支援者にも、同じことがいえるのではないだろうか。つまり、経営にはヒューマンスキル、人間力が必要であり、この要素を無視すると失敗する。

前述したが、「学習」は主体的なものである一方で、「教育」は人間に意図をもって働きかけ、望ましい姿に変化させ、価値を実現する活動だ。いわゆる、コーチングとティーチングである。コーチングは相手の中にあるものを引き出すもので、ティーチングは相手にないものを教えるものである。立場はコーチングが対等で、ティーチングは上下関係となる。

つまり経験がない部下に専門的な技術やマナーその他のノウハウをインプットするのがティーチングであり、ある一定の経験のある人に対して、その人が持っているものをアウトプットして、気づきを与えるのがコーチングである。

支援者が支援先から求められるのは、専門性をインプットする場合と、相手のシーズをアウトプットする場合があり、その時々で使い分けることが必要である。その使い分けについては、後述する。

つまり、専門性を教育する場合は上から目線が許されるが、主体的な学習を支援する場合は、対等の関係で上から目線では受け入れられない。

人間力の実践的スキル ― コーチング

次に、コーチングとファシリテーションについて述べよう。一般的に、コーチングは1対1、ファシリテーションは1対複数と捉えられているが、厳密な定義はない。

筆者はコーチングのスキルが基本にあり、それを複数に応用したのがファシリテーションであり、どちらも人間力が基礎にあると理解している。

コーチングの核心とは「発見と気づきと選択をもたらすことである」[*41]とされ、その対話に絶対不可欠な要素は「相手に対する敬意や思いやり、共感、率直さ」[*42]であり、これが支援者と相手との間の、より深い人間的なつながりとなる。つまりこれこそが支援者に求められる人間力である。

コーチングに必要な資質は、傾聴、直感、好奇心、行動と学習、自己管理であるが[*43]、特に〝傾聴〟〝直感〟〝好奇心〟が重要であると考える。

繰り返すが、コーチングの基礎には人間力があり、単なるスキルではない。

コーチングの知識があることと、それが実際にできることは全く別物である。知っていることはできると勘違いしがちであるが、そこをよく認識することが肝要である。

・傾聴

傾聴は、〝言葉だけでなく、その言葉の背後にあるものを聴き取り、さらに言葉と言葉の間にあるものまで耳を傾ける〟、〝クライアントの声に表れる微妙なニュアンスや、感情、そしてそのエネルギーにも波長を合わせ、クライアントが発しているすべてのものを受け取る[*44]〟ことが求められる。

そのためには、相手と心の波長を合わせる。支援者が心を開くことが大切であり、理屈ではなく、心、感情の力である。

・直感

クライアントの話を深い部分で聴いていると、クライアントが話した内容とは一見関係のないようなことが頭に浮かぶことがある。[*45]このような論理や理屈ではない情報や知恵を察知することを直感と呼ぶ。勘やひらめきともいえるが、根拠がないということで無視するのではなく、感じたことを口にするべきである。

前述したが、経営は論理や科学的なアプローチだけでは不十分である。支援者がそれを踏まえたうえで、自分の感じたことを口に出すと同時に、クライアントにもそれを求めるべきである。そこから深いコミュニケーションが生まれる。

・好奇心

クライアントに興味を持つことである。コーチングは「クライアントはもともと創造力と才知にあふれ、欠けることのない存在であると信じる」[*46]ことを基礎としている。つまり、答えは相手の中にあるという考えである。相手に対して、先入観や固定観念を持たず、いろいろな視点から見たり、質問をしたりすることが求められる。この好奇心が、クライアントの深い部分を見えるようにする。

場（プロジェクト）をつくる――ファシリテーション

ファシリテーションとは、「集団による知的相互作用を促進する働き」[*47]のことで、エマージェントプロジェクト（小集団活動）を支援する実践的なスキルである。

スキルというと単なる技術的なことのようであるが、コーチングを基礎としており、人間力の要素が大きい。

ファシリテーションの役割を担う人がファシリテーターで、求められることは2つある。1つが、活動の内容そのものはプロジェクトメンバーに任せて、プロジェクトのプロセスのみに関わる。もう1つが、中立的な立場で支援することである。

支援者がプロジェクトの業界や業種に経験のある場合、どうしてもその内容に関する自身の意見を述べがちである。それが一方通行の形になり、プロジェクトメンバーは自分で考えることをやめてしまうことになる。また、支援者が、経営者寄り、もしくは現場寄りに偏ってしまうと、すべてのメンバーが納得できる成果につながらない。

この基本姿勢が信頼できる人間力につながるのである。

ファシリテーションには基本的な4つのスキルが必要となる。「場のデザイン」、「対人関係」、「構造化」、「合意形成」である。[*48]

「場のデザイン」のスキル

プロジェクトとしての場をつくるスキルで、目的・目標設定、チーム設計、プロセス設計、アイスブレイクがある。エマージェント経営において「場」は非常に重要である。現場発のエマージェント戦略を生む「場」となるからである。

それを支援する外部人材は、その「場」が有効に機能するように雰囲気をつくり、方向付けをすることが求められる。

・アイスブレーク

プロジェクトの最初のメニューであり重要な課題である。アイスブレークは、まず自己紹介が一般的であるが、重要なことは仕事以外のことをいかに話してもらうかである。仕事のこと以外にも、趣味や今までで一番思い出に残っている旅行、癒されること、嫌なことなどの中から1つ、話してもらう。メンバーが話している時に、ファシリテーターが適度にツッコムことも大事である。

いかにメンバーに心を開いてもらうかだ。これにはまずファシリテーターが心を開くことがポイントとなる。

・場の空気をつくる

メンバーがどんなことを考えており、どのような気持ちでいるかを常に感じて対応することが求められる。プロジェクトに支援者が入る場合、支援者が指導したり、教育したりすると思っている場合が多い。そのため、「このエマージェントプロジェクトはセミナーではなく、社内会議である」ことを強調し、メンバーが主体的に意見を出して進めていくことを強調すべきである。そのうえで、メンバーから意見が出やすい場の空気をつくることが重要である。

・**課題設定**

事前に課題設定はしているが、メンバーに問題抽出からやってもらい、課題の設定を行う。たとえば、事前の課題が「売上拡大のための戦略立案」であったとしても、メンバーの問題抽出の段階で、従業員のモチベーションが低い、時間厳守ができない、整理整頓ができていないなどの意見により、「組織風土の変革」を課題にすることがある。組織課題と戦略課題は表裏一体であり、優先順位を決めて、プロジェクトの回数によって、両方するか片方だけにするかを決めていく必要がある。

・**プロセス設計**

プロジェクトの回数にもよるが、初回にロードマップ的なものは示すべきあろう。課題解決プロジェクトとして4回としたら、1回目は問題点抽出・課題設定、2回目は戦略分析、3回目は戦略立案、4回目はアクションプランという具合である。

一方で、回数が多い場合は、ある程度曖昧にしておくことも必要である。あくまで主体はメンバーにあるので、決まりきった手順をなぞるよりも、話の方向性によって決めていく。このプロセスで目標設定がより明確にみえてくることになる。

「対人関係」のスキル

この対人関係のスキルが人間力の根幹となるもので最も重要である。

筆者は、400社以上の社長と面談をして、求めるプロ人材の要望を聞いた。その答えは、専門的なキャリアとコミュニケーション能力である。専門的なキャリアはプロ人材の業界、業種での経験であり、その分野で10年以上勤務している人には備わっているので、プロ人材の評価はコミュニケーション能力次第となり、これが人間力といっても過言ではない。

ファシリテーションにおける対人関係のスキルは、コーチングを基礎にしており、傾聴、承認、質問、応答、非言語メッセージの観察など[*49]がある。筆者はこれらのスキルに加えて、「メンバーの良いところを見つけてほめる」「メンバーと同じ目線で対応できる」ことが求められると考えている。

・参加者の良いところを見つけ、ほめることができる

承認のスキルに近いが、もっと積極的に長所を抽出する力である。一般的に、コンサルタントや顧問は、企業の問題点を指摘することが仕事と思われているが、良いところを見つけて伸ばすことのほうが重要であると考える。問題点や欠点は自分で自覚しているが、良いところや強みはわかっていないことが多い。実際に、問題点と強みを書き出してもらう作業をすると、強みより問題点のほうが多い。一人ひとりのメンバーの強みや長所を見つけて、それを必要に応じて、口に出してほめることは重要なスキルである。

・メンバーと同じ目線で対応できる

傾聴、質問、応答のスキルのベースとなるものである。本書は、大企業出身者の支援者が中小企業を支援するという想定で述べているので、このスキルは非常に重要である。前述のとおり、一般的に、大企業出身者は中小企業を下に見ている、といわれている。大企業出身者の方はそんな意識はないと思っているが、自分がいた会社と比べて、設備がない、資金不足である、社員の報連相ができていないなどと感じてしまう。その感情が、口に出さなくとも出てしまうのである。これは相当意識しないと難しい。

筆者はアパレル小売出身であるが、優秀なスーパーバイザーはこの目線を大切にしている。スーパーバイザーは複数の店を担当しているが、優秀な人は、1日1件しか回らず、朝掃除から入り、レジを閉めるまで店のメンバーと一緒に行動する。つまり同じ目線で過ごし、一緒に問題点を考える。そして、メンバーから意見を引き出し、問題点の対策を決め、実行に向け背中を押す。一方成果の上がらないスーパーバイザーは、1日に複数店舗を回り、気が付いた問題点を指摘し、自分が考えた対策を伝えて、実行の命令をする。

・傾聴、質問、応答

対人関係の基本的スキルである。傾聴は、相手のいうことをきちっとうなずきながら、心を開いて聴くことが求められる。傾聴が相手の承認につながり、信頼関係を築くことができる。

質問は、外部人材の強みを生かせる大切な要素となる。内部の人間では聞けないような、素朴な質問が本質的な問題点につながっていくこともある。筆者は、自分がわからないことは他の部署の人、取引先や顧客にはわからないという姿勢で質問する。

・問題人物の対処ができる

プロジェクトメンバーは社内のいろいろな立場の参加者で構成されている。その中には、積極的でない人もいる。それらの人を疎外するのではなく、いかにうまく対処できるかがプロジェクトの成否にかかわっている。ポイントは、どんな人も悪気はない、こちらから心を開き、相手の良いところをみることである。

「構造化」のスキル

構造化はファシリテーションの論理的な部分である。さまざまな意見や、事実をいかに整理整頓するかが求められる。

ここで、フレームワークが必要となる。フレームワークは整理整頓の道具であり、適切なフレームワークの選択が優れたファシリテーターの条件といえる。ここでは、問題抽出、課題設定、戦略分析・立案、アクションプランを行うことを想定しているので、前章で伝えたセブンエレメンツモデルを選択する。

・課題に適したフレームワークを選定できる

問題点の抽出、戦略分析・立案は、セブンエレメンツモデルを選択するとして、それにつづく実行支援においても、参加者の意見やその他情報を整理整頓することが支援者の重要な役割であり、フレームワークは必要である。

品質管理の場合はＱＣの７つ道具が代表例であるが、ショップコンセプト・ブランドコンセプトのプレゼンテーションシート、業務フローチャート、業務マニュアル、管理会計資料など自身が専門分野の経験で培ったものの中で使えるものを準備しておく必要がある。

支援者が持っているものをひな型にして、支援企業の態勢に合わせてつくり上げていくことが大切である。この際に注意することは、メンバーが使えることが大事で、難しいものは使わないことである。

・チャートを活用できる

筆者のモットーは、わかりやすさである。プロジェクトを参加メンバーがしっかりと理解しながら進めていくことが重要であると考える。そのわかりやすさを追求すると、映像、チャート、数字での表現になる。一方、言葉や文章というのは、メンバー個々で受け取り方がさまざまで、結果的にわかりにくい表現であるといえる。チャートで表現する方法の代表がフレームワークである。その他さまざまな方法はあるが、専門的な本も出ているので参考にしていただきたい。

「合意形成」のスキル

問題点を抽出し、課題を設定し、対策をつくることがプロジェクトの目的であるが、往々にして、「会社がもっと人材採用に力を入れてくれないとできない」「他部署である営業が頑張ってほしい」「他社と比べて待遇が悪い」……などといった、「他者に対する要求」が多く出てきて、前向きの合意ができない場合がある。

これに対して「自分たちでできることを考える」ことを原則、約束事にすることである。他者に変わってほしいという考えは往々にしてあることだが、この考えでは物事は発展しないし、また実現し難い。それよりも、自分たちができることを考えれば、すぐに実行可能である。それがどれだけ成果が上がるかはやってみなければわからない。この原則に基づいて合意形成を図る。

・参加者の意見を十分に引き出すことができる

問題解決のサイクルにおける「収束」に至るまで、「拡散」を十分にすることが肝要である。そのためには、できるだけ多くの意見を引き出すスキルが必要である。メンバーに問題解決のプロセスとしての拡散と収束を理解してもらい、拡散の時は、意見を出してもらうよう促すことである。

・意見をまとめて、分かち合うことができる

拡散から収束のステップで、意見をいかにまとめるかである。支援者がまとめてしまわずに、一人ひとりの意見を聞いたり、参加者に順位をつけてもらうなどの方法で行う。

・仮説検証の重要性を説明できる

拡散のプロセスから収束に移ると、後ろ向きの意見が出てくることが多くみられる。対策や戦略立案の場面で、「プラン通りに成果が出るかわからない」「うまくいかなかったらどうするか」などで、意見がまとまらない原因になる。これらの意見の前提は、「戦略はうまくいくべきである」という考えである。

これは、分析重視型戦略論の考え方で、経営学を勉強したことがない人もなんとなく持っている感覚であろう。金融機関から中期計画を求められたり、戦略の重要性を聞いたりしているので、立案した戦略や計画はうまくいくことが前提になっている。前述したが、これは間違いで、やってみなければ結果はわからない。戦略は仮説で、実行して検証するという試行錯誤が最も重要であり、現在の戦略論のトレンドは試行錯誤型である。

以上の説明ができることは、プロジェクトの場を活発にする力になる。

支援者自身の棚卸

支援者として、自分が提供できる商品は何か。その種類によってティーチングとコーチングに分けられると、前述した。

たとえば、経験がない部下に専門的な技術やマナーなどのノウハウをインプットするのがティーチングであり、ある一定の経験のある人に対して、その人が持っているものをアウトプットして、気づきを与えるのがコーチングである。

支援者が支援先から求められるのは、専門性をインプットするティーチングの場合と、相手のシーズをアウトプットするコーチングの場合があり、その時々で使い分けることが必要である。その使い分けについて、示していく。

・資格取得支援

決まった規準があり、それをクリアしないと取得できないものである。たとえば、ISO、HACCPなど、法人で取得するもの、建築士、技術士、施工管理士、販売士など個人が取得するものである。これらの資格を保有している支援者が指導する。

これはティーチングで上から目線でも通用する。決められた規準をその通り受け入れることが求められ、支援先の事情や環境に応じて、つまり、コーチングで引き出す要素はほとんどないといえる。

・専門的な技術・知識・ビジネスモデルの提供

資格まで明確な規準はないが、ある程度確立された専門分野である。たとえば、製造業では生産管理、品質管理など、流通業ではディスプレイ、接客などのノウハウである。ビジネスモデルは、売上や販促で実績のあったビジネスモデルの経験や実績である。そのモデルを取り入れることで、売上や販促の成果が期待できる。

売上増できる営業方法、ウェブを使った販促などで、一般的な分野から、より属人的な経験により生み出されたコンテンツである。

これは最もティーチングとコーチングが勘違いされやすい分野である。大企業人材が持っている専門分野のコンテンツは、あくまで自身が在籍した大企業のものである。このコンテンツのすべてを、支援先の中小企業にインプットすることは不可能である。このようにいうと、当たり前のことのように思えるが、これらのコンテンツをティーチングで一方的に、上から目線で指導している場面が多く見られる。

大切なことは、支援先の状況や環境をアウトプットし、自身が持っているコンテンツのどの部分が当てはまるかを現場と一緒に考え、そして実行を支援することである。

・既存ネットワークの提供

支援者が以前勤めていた会社のネットワークを提供するタイプである。支援先の会社が大企業に営業する場合のコネクションや部品や材料供給先のネットワークである。

これは、単に販路や仕入ルートを紹介する場合と、商品開発や仕入部門のカイゼンから支援する場合で異なる。前者はティーチングのみで対応できるが、後者はコーチングができなければ成果は期待できない。

・戦略分析・立案・組織運営支援

経営課題の抽出、戦略分析・立案の支援である。社長の補佐的な立場で会社全体を統括していくことを求められることが多い。

これはコーチングが主となる。戦略分析・立案では、適切なフレームワークの選択が求められる。支援先にある事実を整理整頓するのがフレームワークの役割であるが、難解な現実離れしたようなフレームワークを使うと、現場が遠ざかってしまう。戦略というと難しいイメージがあるので、注意が必要である。この課題抽出、戦略分析・立案は、支援の最初のプロセスであるため、支援者がいかに現場に近づくことができるかが試される場面でもある。

持っている商品の棚卸

専門性と支援スキルに分けて、自身が保有している商品を棚卸してみる。

専門性については、資格、専門的な技術・知識、ビジネスモデル、ネットワークの項目ごとに出していく。資格はわかりやすいが、その他の項目は具体的なフレームワークや帳票、資料を示せるものがあるか、がポイントである。

たとえば、製造現場で小集団活動をした経験がある人は「問題解決の7つ道具」「5S（整理、整頓、清掃、清潔、しつけ）」。小売チェーンでスーパーバイザーの経験がある人は「店舗マニュアル」「売上管理帳票」。マーケティングの経験のある人は「商品開発マニュアル」「コンセプト企画書」などである。

次に、支援スキルであるが、この棚卸は難しいので、前述のファシリテーションスキルのチェックリストを使うことを提案する（図19）。

自己評価の棚卸で、客観性はないが、1つの指標にはなる。ここでは、知っていることとできることは全く別物である。また、「自己評価は他者評価よりも甘い」ことを認識すべきであろう。

以上、中小企業がエマージェントプロジェクトを実行するうえでの問題点をみながら、どの

図19

支援スキルチェックリスト

		自己評価 ○	△	×
場のデザインのスキル	・アイスブレークができる	6	4	2
	・場の空気をつくることができる	10	7	3
	・プロセス設計ができる	7	5	2
対人関係のスキル	・参加者の良いところを見つけ、ほめることができる	10	7	3
	・メンバーと同じ目線で対応できる	10	7	3
	・傾聴、質問、応答ができる	10	7	3
構造化のスキル	・課題に適したフレームワークを選定できる	7	5	2
	・専門分野のフレームワークを持っている	7	5	2
	・チャートを活用できる	10	7	3
合意形成のスキル	・参加者の意見を十分に引き出すことができる	10	7	3
	・意見をまとめて、分かち合うことができる	7	5	2
	・仮説検証の重要性を説明できる	6	4	2
		100	70	30

ようなことを意識して気をつけながら進めていけばいいのかを述べてきた。

これらのことを実際にエマージェントプロジェクトを始める前に意識して、次章のエマージェントプロジェクトの具体的な実践法を試みていただきたい。

第5章

エマージェント プロジェクトの手順

セブンエレメンツモデルの実践法②

問題解決のルーチンから
イノベーションが生まれる

「どのようにしたら、ヒット商品が生まれるか」「効果的な販促はどうすべきか」という質問がよくある。

筆者はとりあえず、「コツコツ商品開発すること」、「考えられる販促をコツコツ試してみること」と答えている。突然、ヒット商品やすごい販促が生まれることはない。ルーチンで、それらに取り組む仕組みから、思いがけず大ヒットが出るのである。

重要なことは、そのルーチンの仕組みをつくることである。それが、エマージェントプロジェクトである。

要するに、**エマージェントプロジェクトはPDCの仕組化だということである。そのルーチンが、常に問題点を自ら見つけ出してカイゼンしていく組織を生み、それが長寿企業になることに繋がっていく。**

問題解決のルーチンの仕組化の効果を、経済学の進化論という学説[*1]は、「変化を導くための一貫した唯一の枠組みなど存在しない。変化は、『ルーチン』と呼ばれる基本的活動システムの間で、漸増していく相互作用から生まれるものだ。（中略）ルーチンは組織に安定性を与えるのである。しかし巧妙にひねりを加えることにより、ルーチンは思いがけない変化をも生み出すものだ」と進化論者たちは論じている。確立しているルーチンと新たな状況の相互作用が、学習の重要な源となる。[*2]

問題解決のルーチン、つまりカイゼンと呼ばれる効率化から、思いがけないイノベーションが生まれる、ということである。それが、ミンツバーグの主張するエマージェント戦略である。これはポーターの「ほとんどの日本企業には戦略がない、戦略と効率化を取り違えている」[*3]という主張と相対する立場をとっている。

ここから、具体的に、どのようにエマージェントプロジェクトを実施していけばいいのか、支援者の視点になり、その手順を伝えていく。

エマージェントプロジェクトの2つのプロセス

外部人材による中小企業の支援を想定した場合、大きく2つのプロセスがある。

まず、ステップ1として、**「課題抽出、戦略分析・立案」**を行うプロセス。

次にステップ2として**「実行支援」**するプロセスである。

ここでは、課題抽出と実行支援を明確に分ける。

ステップ1の課題抽出（設定）からアクションプランに至るまでは、いわゆる「コンサルタント的な仕事」で、ステップ2の実行支援は「現場の仕事」である。これを明確に認識していないことが中小企業の課題解決が進まない大きな要因になっている。

課題抽出が必要な時に現場経験だけの外部人材が来たり、実行支援が必要な時に、現場経験がないコンサルタントが来たりしているケースが、多く見受けられる。

まず、ここではステップ1の**「課題抽出、戦略分析・立案」**のプロセスをメインに説明していく。

実行支援については、前述したエマージェントサイクル＝PDCのプラットフォームとしてのセブンエレメンツモデルの説明や、この章の最後に示した5つの事例を、参考にしていただけたらと考えている。

ステップ1の戦略立案プロジェクトを回す手順は、①課題の抽出から課題設定、②戦略分析、③戦略立案、④アクションプランまで、4回で行うことを想定している。

このプロセスは、外部人材による中小企業の課題解決支援を前提にしている。このプロセスを行うことは、外部人材と支援先及びプロジェクトメンバーとのコミュニケーションのスタートとなり、お互いの信頼関係構築の場となる重要なものである。

中小企業の課題は、組織運営と人材育成がベースにある。ほとんどが、社内のコミュニケーションが難しく、組織的にＰＤＣが回らないことが悩みとなっており、「今までいろいろな手を打ってきたがうまくいかない」というようなものだ。

このような状況で、外部人材が入ることで、自分たちが悩んでいた課題が浮き彫りになり、また、一緒に戦略や対策を考える過程で、今までになく、言いたいことが言えて意見交換が活発に行われるようになるのだ。

これが組織的にＰＤＣを回す仕組みづくり、つまりエマージェント経営の起点となるのである。

【1回目】問題の抽出と課題設定

プロジェクト第1回目は、問題点の抽出と課題設定である。

プロジェクトチームを編成する時に、経営者と話し、おおよその課題は設定されているが、これは経営者目線での課題である。そのため、再度プロジェクトメンバーで行うことが重要だ。方法は以下である。

1・付箋に「問題点」と「強み」を書き出す

プロジェクトメンバーに2色の付箋を配り、「問題点」と「強み」を色を変えて、付箋1枚に1つずつ書き出してもらう。「問題点」は、自分の立場、部署全体、部署間、会社全体など、気が付くことは何でも書いてもらう。大きなことより、細かいことを書いてもらうようにする。「強み」は、顧客に評価されていること、技術やノウハウなどである。

2・「問題点」を模造紙に貼り付ける

問題点を一人ずつ読みあげてもらい、それをリーダー（支援者）に渡し、リーダーはそれを模造紙に貼り付ける。他のメンバーに同じ意見があれば、都度リーダーに渡して同じ場所に貼り付けてもらう。模造紙には、課題設定用のフレームワーク（図20）を使用し、問題点の内容に合わせて、それぞれの戦略要素の場所に貼り付けていく。

3・問題点の優先順位をつける

問題点を全部貼り付けたら、それを全員で俯瞰し、各メンバーから意見を求める。意見はどんなことでもよく、感じたことをそのまま口に出してもらうことが重要である。支援者はでき

図20

セブンエレメンツモデル(課題抽出)

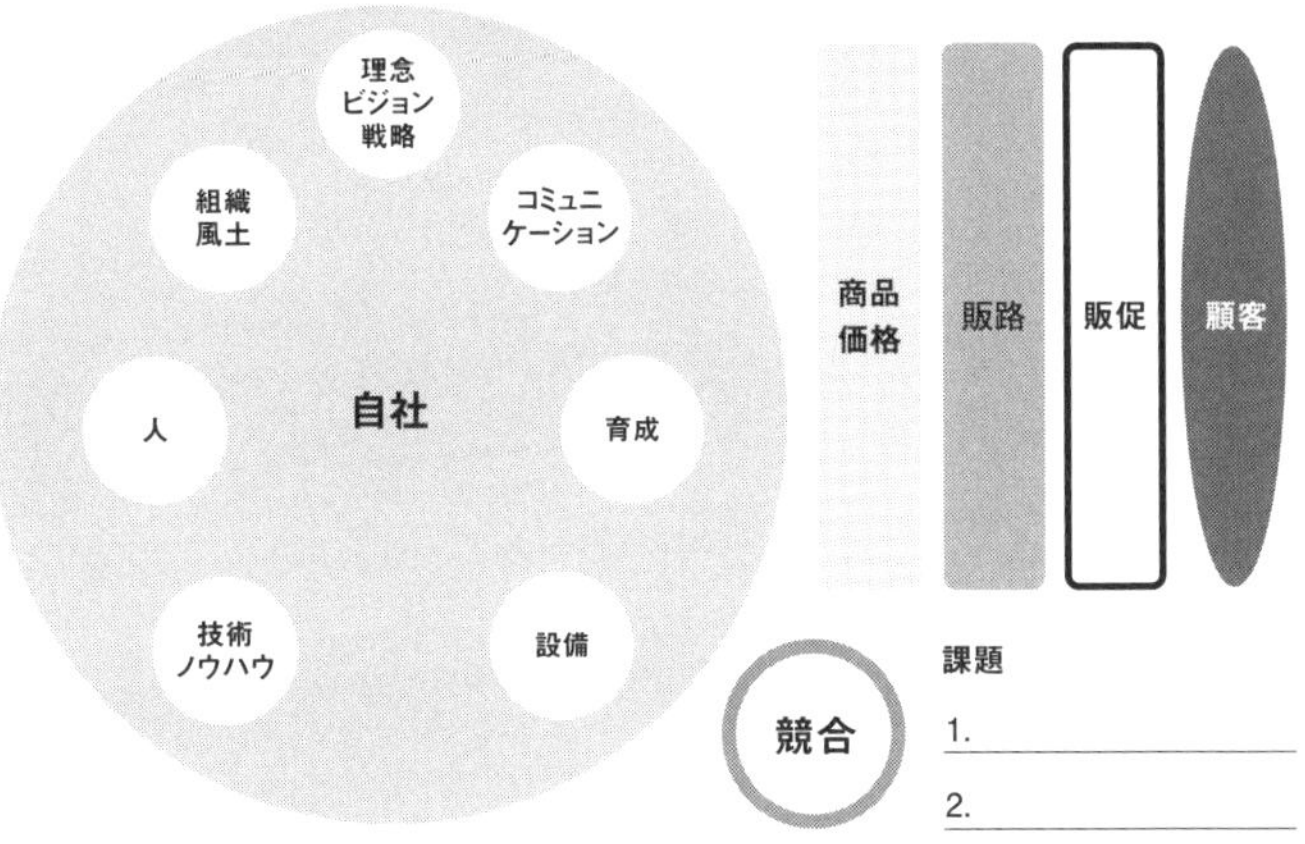

るだけ、メンバーに発言を促すことにつとめ、自分の意見はいわないように心がける。

最後に、問題点に優先順位をつけ、問題点を3つ書き出す。

大体、意見を聞いている段階で絞り込まれることが多いが、ばらついているときは、メンバー一人ずつ順位を聞いていき、それを点数化、たとえば1番が3点、2番が2点、3番が1点、というようにして決める。

4・「強み」を模造紙に貼り付ける

「問題点」を貼り付けた同じ模造紙に、「強み」を張り付けていく。

貼り付ける方法は「問題点」の時と同じで、それぞれ読み上げてもらい、リーダーが模造紙のフレームワークの戦略要素の場所に貼り付ける。そして、俯瞰して、メンバーから意見を求める。一般的に、問題点の裏返しが「強み」になっている場合が多く、会社の姿が浮き彫りになる。

たとえば、ある料理店のケースでは、問題点は、「顧客に対して細かいサービスが行き届いていない」ことであった。一方で、強みは「料理が創意工夫されていておいしい」というものであった。オーナーが料理に対するこだわりが強く、メニューの開発に心血を注いでおり、おいしい料理を出すことをモットーにしている。その料理を求めて客は来るので、販促やサービスは必要ないという考えである。

このように「問題点」と「強み」はコインの裏表の関係になっており、会社の理念やノウハウが「強み」に集約されており、その裏返しが「問題点」になっている場合が多い。

5・課題設定する

「問題点」の上に「強み」を貼り付けて、俯瞰してみると、会社の姿が浮かび上がってくる。「問題点」と思っていたことが、実は「強み」の裏返しであり、それが会社の風土、人でいえば性格であることが理解できる。短気は欠点であるが、見方を変えればスピードがある。神経質は短所であるが、細かいところに気が付くという長所でもあるように。

俯瞰しながら、それぞれのメンバーに意見を聞く。難しく考えず、思ったままを口に出してもらうことが重要である。そして、課題を設定する。

課題は問題点の裏返しなので、たとえば、整理整頓ができていないという問題点に対して、課題は整理整頓をする、5S（整理・整頓・清掃・清潔・しつけ）を実現する、ということである。

先に、「問題点」を3つあげているので、その裏返しが課題になるが、「強み」を付け加えて立体的に見ることで、より的確な課題を設定することができる。

【2回目】戦略分析

プロジェクト第2回目は、戦略分析である。戦略フレームワークのセブンエレメンツモデルを使って戦略分析を行う。

1・商流を分析する

まず、フレームワーク内のチャートの「商品」の要素を記入する。企業によってさまざまな商品やサービスが存在するが、種類が多い場合は、それを大分類、中分類、小分類に分けて記入する。

たとえば、アパレルの服を扱う会社であれば、スーツ、ジャケット、パンツのように、アイテム別に。いくつもの業態を持つ企業であればその業態別に。ある程度大づかみでどんな商品

図21

セブンエレメンツモデル（戦略分析）

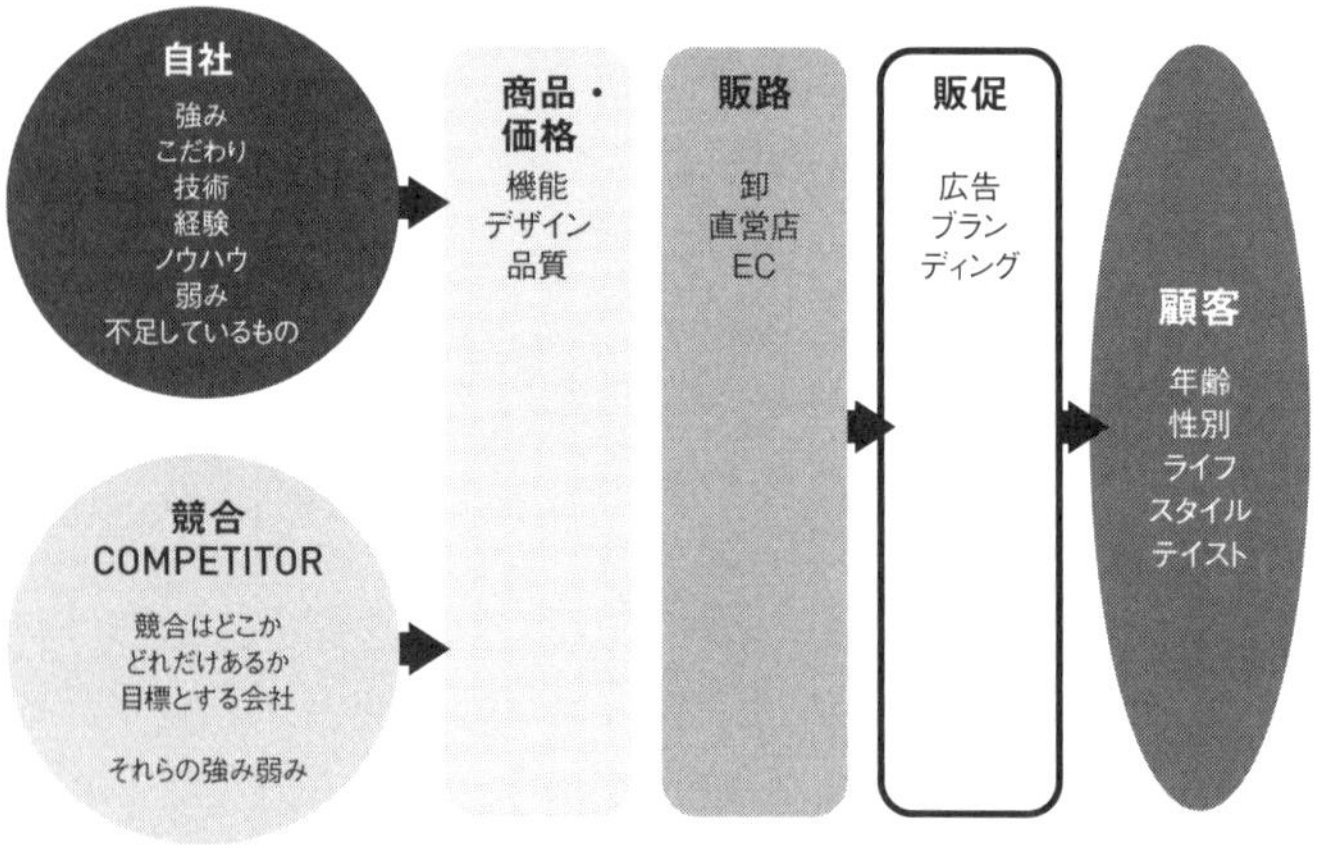

を扱っているかを分析する。

次に、「販路」を記入する。商品をどのような販路で展開するかを分析するので、卸、直営の小売店、ウェブショップなどである。

そして「顧客」を記入する。これは最終消費者で、どのような人が買っているかを分析する。

最後に「販促」であるが、これはどのような販促策をとっているかである。

2・商流を数値分析する

商品別、販路別に数値を記入する。上記のアパレル業の場合は、全体の売上（年でも月平均でも可）を一番上に記入し、次にアイテムごとに数値とパーセンテージを記入する。

次に、販路別も全体の売上と販路ごとの数値を記入する。

さらに商品と販路の紐づけをして、どの商品がどの販路で、いくら位売れているかを分析する。これでその会社の商流がおおよそ理解できる。

3・競合分析を行う

次に競合分析である。競合と思われる企業を、チャートの「競合」の要素に記入する。中小企業の場合、競合を意識しないことが多いが、戦略を分析するうえで、重要なステップなので、メンバーに考えてもらうことに意義がある。

競合を数社あげたら、競合要素を選択して、その要素ごとに勝ち負けを記入する。

上記アパレル企業の場合は、商品の価格、デザイン、機能、品質、店の立地、雰囲気、販促、ブランディングなどがあげられるが、それらの中から重要と思われるものを選ぶ。

そして、それらの要素ごとに、勝っている場合は○、負けている場合は×、互角の場合は△を記入する。

4・俯瞰する

以上、フレームワークに記入する作業をメンバーで行ったが、支援者はこのステップでもできるだけ、全メンバーからの発言を引き出すようにすることが重要である。

メンバーによっては、知らないことがあったり、言いたくないこともあるかもしれない。それをうまく引き出し、どんどん積極的に発言してもらうことが、支援者の腕前といえる。

そして、できあがったチャートを俯瞰して、意見を求める。

当社は、どんな商品をどのような販路で、誰に使ってもらっているのか。販促はどのようにして、そして競合はどこで、競合と比べて何が優れているのか。これが戦略分析である。

【3回目】戦略立案

プロジェクト3回目は戦略立案である。前回までに行った戦略分析に対して、今後どのような展開をするかを考える。

戦略立案は、「商品」と「販路」を軸に行う。既存のフレームワークでは「アンゾフの成長ベクトル」に沿った手法を活用する。

1・既存商品→既存販路

一番リスクの少ない方法。既存の商品を既存の取引先に入れるための今後の展開を考える。

たとえば、営業や販促を強化して、売上増を図るというものであろう。

図22

セブンエレメンツモデル（戦略立案）

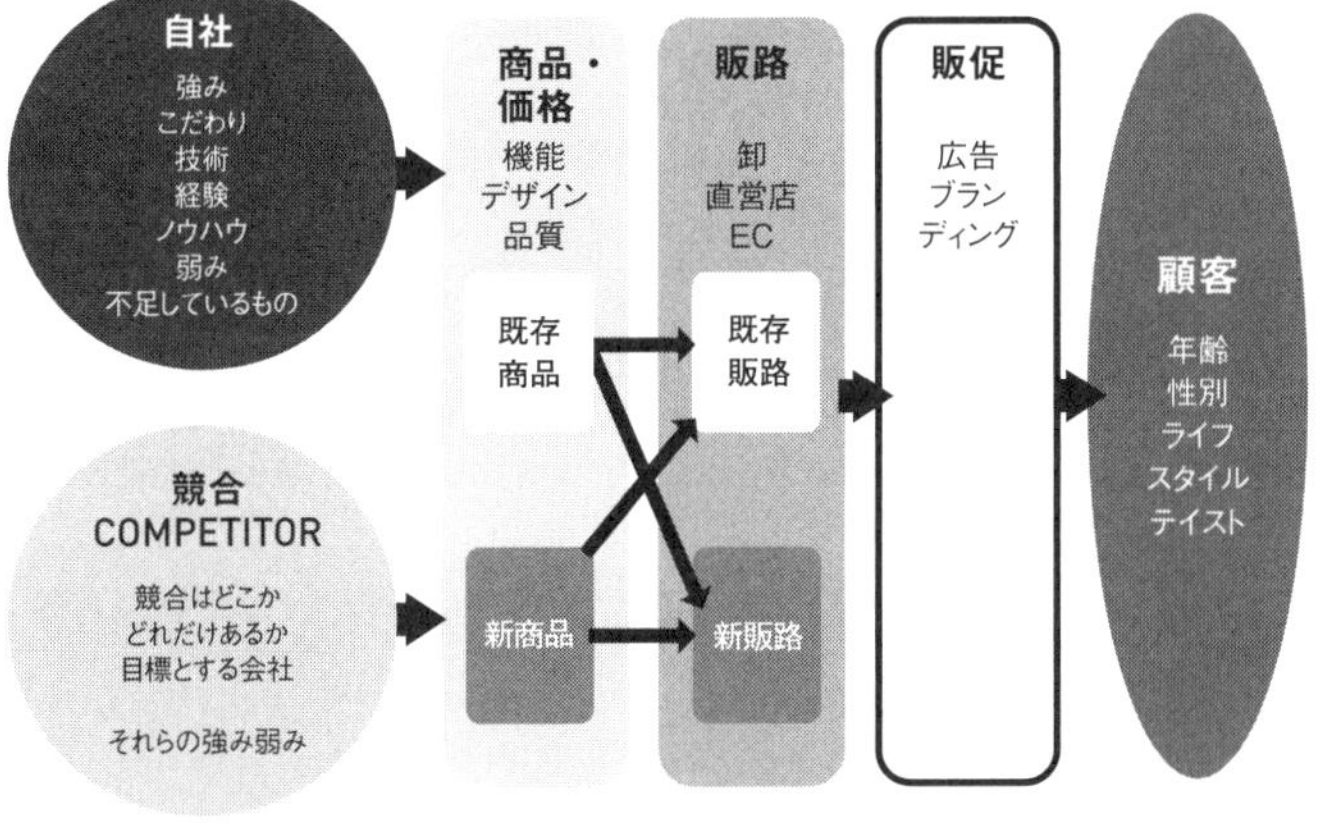

2・既存商品↓新販路

新しい販路を開拓する方法を考える。たとえば、卸から直接小売りに販売する、ウェブショップを立ち上げる、直営店をスタートするなどである。

3・新商品↓既存販路

新しい商品を開発する方法を考える。既存販路に展開可能な商品を開発する。

4・新商品↓新販路

一番リスクを伴う方法である。新しい商品を開発し、新しい販路を開拓して展開する方法を考える。これは魅力的な戦略だが、成功率は低いといわざるを得ない。最近は特に、新しい商品をウェブショップで展開したいというケースが多く見受けられるが、残念ながら成功率は低い。

5・戦略と組織課題を一緒に考える

2回目の戦略分析の段階では、商品・販路ごとの売上分析を行ったが、戦略立案では、この売上を何年でどのくらい伸ばすかを議論する。

この時、肝要なのは「微増計画では意味がない」ことである。筆者は「2年で2倍にするには?」と問いかけることがよくある。もちろんメンバーは現実離れしていると思うだろうが、それくらい思い切った計画でないと、思い切った戦略に結びつかない。

プロジェクトの場での議論であるから、そんな発想ができるのである。もちろん正式な経営会議では、現実的な数値計画を議論すべきである。

【4回目】アクションプランの策定

プロジェクト4回目は、アクションプランをつくる。これは、前回行った戦略立案を具体的な計画に落とし込む作業である。「誰が」、「いつからいつまでに」、「いくら」でするかの案をつくるのである。

ここで、第1回目に分析した組織課題をみる。アクションプランのステップに来ると、理想

図23

セブンエレメンツモデル（アクションプラン）

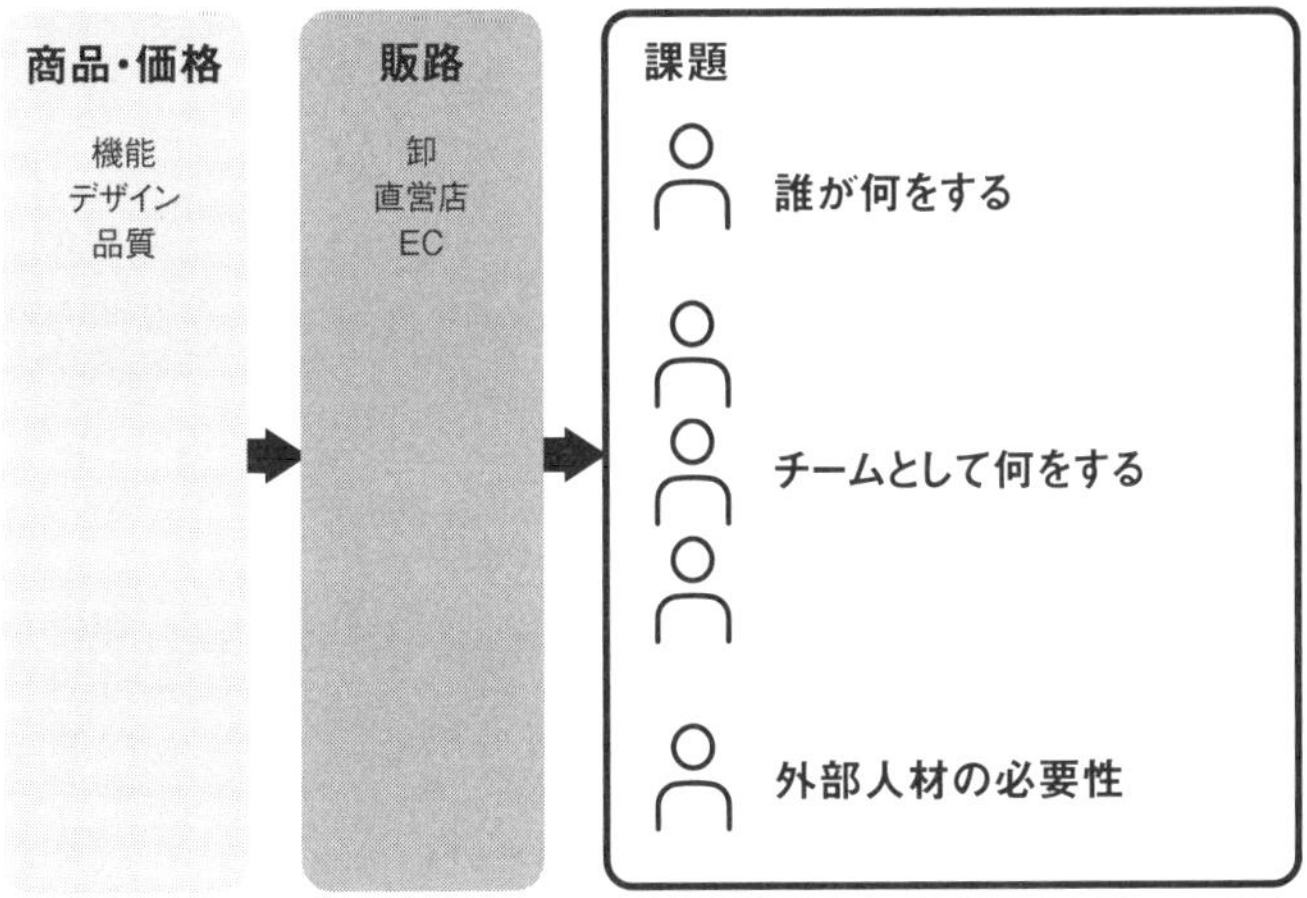

を求めがちになる傾向がある。実際に現状の組織課題をみて、実現可能性があるのかを考えねばならない。

自社の強みや問題点がどのようになっているか、商品開発能力、販路の展開能力、自社のノウハウでどこまで実現できるかである。その実現のための課題について本音で話し合うことが重要である。

1回目の課題を再度見直して、課題について考えるが、この時、誰が、何をしなければならないかを、具体的にする。1回目の課題は会社全体のものである。それを個人やチームに振り分けていく（図23）。

ここまで考えると、会社内のノウハウでできないことが明確になる。この段階で、どのような外部人材が必要かなどを考えるのである。

ここまで、ステップ1の「課題抽出、戦略分析・立案」を行うプロセスをみてきた。このプロセスの次にステップ2の「実行支援」のプロセスがある。

しかし実行支援は「現場の仕事」である。実行支援は業界業種の経験が必須である。具体的には、現場経験で得てきた様々なツールを使いこなせることである。ツールは言い換えればフレームワークであり、後述の事例で示していく。

もう1つ実行支援では大切なことがある。それはポジショニングである。

適切なポジショニングができるか？

支援者の支援先におけるポジショニングは、非常に大事である。

一般的に、コンサルタントや顧問は、社長に近い存在であると思われている。実際に、社長の相談相手の立場で、もっぱら社長とだけ面談しているコンサルタントは多い。この形だと、コンサルタントが指導して決めたことを、社長が現場に命令するというトップダウンになる。

現場から見たら、現場をわかっていない外部の人間が決めたことでモチベーションが上がらない。このポジションでは、現場の人たちとの距離が出てしまい、コミュニケーションをとろう

図24

支援先における支援者のポジショニング

**一般的な
コンサルタントのポジション**
社外でトップと同列

支援者のあるべきポジション
社外でもなく社内でもなく、
トップでも現場でもない

にも、うまくいかない。

成果を出すには、経営者と現場の中間のポジションが適切である。また、外部と内部でいえば、その中間のポジションである。

外部だと客観的過ぎ、内部になると見えなくなることが多いので、外部でもなく内部でもない中間が適切である。

このポジションをとるためには、社長だけでなく、現場の人たちともコミュニケーションが取れるスキルが必要であり、これも人間力といわれるものであろう。

セブンエレメンツモデルを取り入れた支援事例

これから事例を示していくが、いずれも筆者が課題抽出から戦略分析・立案を行い、そのまま実行支援に移行した例である。

筆者の専門分野は、流通業における戦略、マーケティング、経営管理である。自身のキャリアがアパレルの卸、小売業、業種は営業、仕入、企画、その後経営者であったからである。その経験によるフレームワークを、実行支援では使うことになる。

ただ、前職で使っていた形式をそのまま使うのではなく、ラフデザインを提供して、あとはプロジェクトメンバーに作成してもらうようにしている。プロジェクトメンバーが自らつくったものでないと機能しないからである。これがボトムアップの原則である。

◆事例1　現場と共に課題抽出して、わかること

最初の事例は、課題抽出を現場と共に行うことで、外部人材に求めるスキルが明確になったものである。

A社は、ゴルフ場を経営している。取締役から、「収益性に問題があり、経営を刷新できるような社長の右腕的な人材が欲しい」との要望があった。

筆者は、社長の右腕的な人材のニーズはよくあるが、外部人材の能力と現場の受け入れ態勢の問題で、うまくいくケースが少ないと説明し、セブンエレメンツモデルによる課題抽出プロジェクトをすすめた。

プロジェクトメンバーは、その取締役、社長、支配人、業界に詳しい社外取締役、現場のフロント、コース管理の6名である。

1回目

問題点の抽出を行った。売上減少、客数減少、立地が都心から離れている、新規顧客が少ない、設備が古い、競合が多い、顧客獲得方法がわからない、経営方針が不明確、上層部に人が多く誰の言うことを聞いていいかわからない、などである。

売上が減少し続けており、いろいろ手を打っているがどうしてよいかわからない状態である。問題点をあげていくとプロジェクトの雰囲気が暗くなるのは、どこの会社も同じである。次に、強みをあげてもらう。本格的なチャンピオンコース、コース整備技術が高い、接客が優れているなどであった。メンバーの意見がこの3つに集中しており、プロジェクトメンバーの現場担当者にとっては、うれしいコメントである。これらの分析を行い、課題は、戦略と組織の両面で明確にすることとなった。

2回目

戦略分析である。コースは36ホールで、1つがメンバー中心の本格的なチャンピオンコース、1つはビジター中心のコースである。これらが商品にあたるので、コースごとの売上＝客単・客数、顧客の属性、土日の稼働率等の分析を行った。

これら分析のための数値をプロジェクトメンバーから聞いた時、数値が曖昧であった。筆者は、この数値分析を行う時、メンバーに「大まかな数値でいいので」と伝えることにしている。戦略分析のため、大まかな数値のほうがわかりやすいのと、メンバーがどこまで数値を把握しているかを確認するためである。数値や顧客の属性が曖昧で十分現状分析ができていないことがわかった。

これらの議論の中で、トップは戦略的な話をするが、現場担当者は、戦略も予算も認識していない態度であった。現場は忙しく仕事をこなしているが、それが会社の業績にどうつながっているのか、実感がない感じである。

3回目

戦略立案と課題設定の段階である。前回のデータが調べられていたので、コースごとの新規客数、既存客数、客単価、稼働率をセブンエレメンツモデルに書いていき、売上目標を設定した。次に、目標達成のための課題について話し合った。

やはり問題点は、戦略を上層部だけで決めて、それを現場に伝えていないことにあった。その戦略の伝達が、社長、支配人、外部取締役、加えて外部人材である顧問からバラバラに現場に伝えられていたために、現場が混乱して、何をしていいかわからず、モチベーションが上がらない状態になっていたのである。

アクションプランとして、現プロジェクトメンバーで月に1回戦略会議を行うことを決めた。売上目標に対して、どのような顧客をどのような方法で集めるかを常に話し合う場を設定した。戦略といっても、決して難しいことではなく、また正しい方法があるわけではない。目標に対して、トップと現場が一体となって試行錯誤して仮説・検証を繰り返すことで、適した方法が見つかり、また現場のモチベーションが上がる。

このプロジェクトは3回だけであったが、すぐに成果が表れた。現場が戦略を理解し、すぐに実行したためだ。顔見知りのメンバーやビジターに声がけして、次の予定はいつかを聞いて、積極的に予約を取るようにしたというのである。

強みである接客を活かして売上増を図る、最も有効で低コストな方法である。

外部人材の要望としては、ウェブマーケティングのノウハウのある人材である。既存顧客のアプローチは内部で可能で、新規顧客の獲得に活かしたいとのことである。

ここで、最初の取締役との話を思い出していただきたい。最初の外部人材のニーズは、社長の右腕的な経営トップ人材である。しかし、もしこのような人材が入っていたら、問題である不明確な組織を助長していたであろう。このように、経営者は会社を統括する右腕的な人材を外部に求めがちであるが、このエマージェントプロジェクトによって現場とのコミュニケーションをとることで、現場が自ら問題解決を実行するケースが多い。

このゴルフ場のようなケースは非常に多い。つまり、課題を明確に認識していない。経営相談として一般的に、税理士、コンサルタント、金融機関などに相談する。これら外部機関が課題抽出をうまくできればよいが、その手法が確立されていない。そこで、人材会社に相談し、その分野の経験がある外部人材を社員か顧問として採用する。前述の例では、経営顧問であるが、もし採用されていても成果が出なかった可能性が高い。反対に、現場と共に課題抽出して、必要であると判断されたウェブマーケティングの人材は、現場に受け入れられ、活躍できる可能性が高い。

◆事例2　セブンエレメンツモデルにより戦略をピボット

この事例は、セブンエレメンツモデルで戦略分析の段階で問題点が明らかになり、戦略を変

図25

セブンエレメンツモデルによる戦略マネジメントチャートを実践する

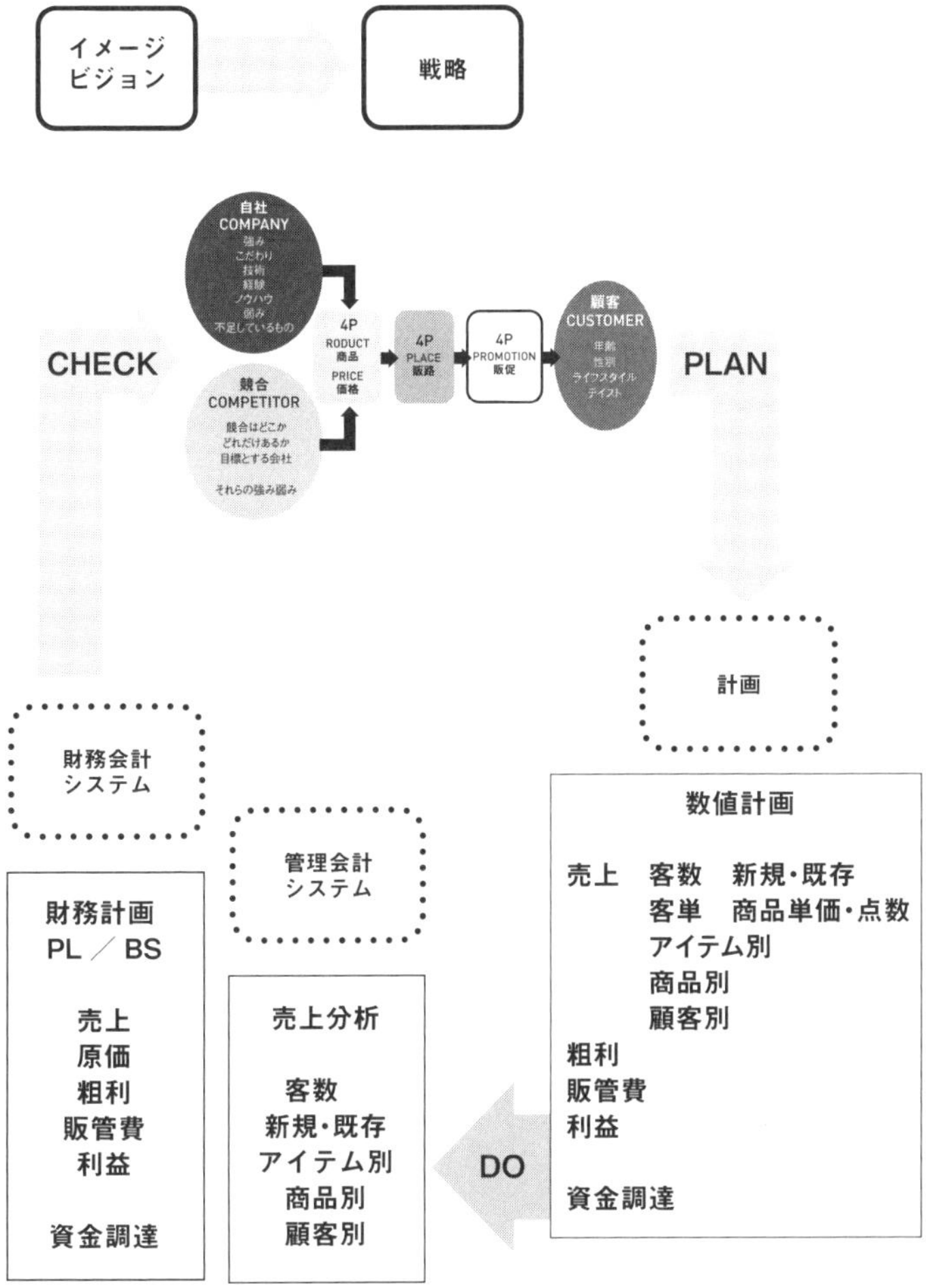

えることで売上増を実現したものである。使用したフレームワークは、営業報告書である。

B社は、服飾雑貨の製造会社である。従業員数は約30名。プロジェクトメンバーは、社長、営業責任者、デザイナー、管理部責任者などの5名である。プロジェクトメンバーに戦略立案の経験はない。

主要顧客は卸会社、大手アパレル、大手小売チェーンである。商品戦略について、自社ブランドのコレクションを軸に、小売りではECサイト、卸では小売型の現金問屋で展開し、大手アパレル、大手小売りチェーンに対してはOEMで展開している。創業以来順調に業容拡大してきたが、「この数年売上が頭打ちで、今後の戦略をどのようにするか」が課題であった。そこで、経営トップ以下主要メンバーで、戦略策定をすることになった。

まず、セブンエレメンツモデルによって、商品、販路、顧客を書き込んでいく作業を行った。そのうえで、販路別にどの商品がどのような顧客に売れているかの分析を行うが、そのデータがないことがわかった。販売管理ソフトは導入されていたが、販路別の商品データがなく、また卸業態なので、顧客情報がなかったのである。

セブンエレメンツモデルでの戦略分析では、戦略要素がわかりやすく配置され、商流を把握しやすく、同時に商品、販路、顧客ごとの分析が行えることが特長である。

対策として、販路ごとの顧客データを営業マンが収集することとした。営業マンの情報収集の方法として、**営業報告書**があるが、その様式を変更した。項目を、セブンエレメンツモデルの各要素とし、販路ごとに、商品、販促、顧客、競合の項目をつくり、それぞれの項目の情報を集めて記入する様式とした。

一定期間の営業報告書の情報を再度、セブンエレメンツモデルに記入し、販路別商品別データをみた結果、明らかに卸会社の顧客が高齢で売上も下がっていることに対し、大手小売りチェーンの顧客が若く、売上拡大しており、また当社が扱うアイテムの売場が独立しており、拡大傾向にあることがわかった。

この情報に基づき、新たな戦略の方向性として、大手小売チェーンの開拓、大手アパレルに対する当該アイテム売場の提案、そして当該アイテム専門の直営店の可能性検討が示された。

この事例では、セブンエレメンツモデルによる戦略分析を実施した結果、売上低下の要因が不明確であることが、問題点として明確になった。次に、売上低下の原因を明確にする目的で、営業報告書の構成を、セブンエレメンツモデルにある戦略要素―自社・競合・顧客・商品・価格・販路・販促―にすることにより、それぞれの要素での分析が可能となった。この定性分析と管理会計による定量分析を見ることによって、売上低下の原因が明確になった。

◆事例3　セブンエレメンツモデルによる戦略マネジメント

この事例は、戦略マネジメントにおける、戦略と会計との関係が明確に示されたものである。使用したフレームワークは商品別・販路別管理帳票である。

C社は雑貨製造販売業者で、従業員数は約30名である。直販のウェブショップを販路としており、販促として主に新聞広告を行っている。新聞広告が奏功し、売上は順調に伸びているが、収益性が低く、赤字が続いている。社長の見込みとしては、売上が伸びれば黒字転換するとの見通しを持っているが、果たして現行の戦略が適正であるかを迷っており、筆者が戦略分析と戦略立案を支援することとなった。

支援方法としては、プロジェクトチームを編成して定例会を行うこととした。以下定例会で行ったことについて順を追ってみていく。プロジェクトメンバーは、管理責任者、営業、企画等5名である。

1回目

プロジェクトメンバーによる問題点と強みの抽出を行った。まず、一人ひとりに問題点と強みを付箋に書いてもらい、それをセブンエレメンツモデルの要素ごとに、自社（スタッフ、技術等）、商品、販路、販促、顧客に貼り付けた。次にプロジェクトメンバーでそれを俯瞰して、課題の優先づけを行った。

2回目

セブンエレメンツモデルを使い、戦略分析を行った。商品→販路→販促→顧客という要素ごとの分析である。商品ごとに、どの販路で、どのような販促で、どれだけの売上となっているかを分析するものであるが、その数値が明確になっていないことがわかった。つまり、販促の効果測定ができていない。これは次の戦略を打つ時の下敷きがないことになる。

実際、データの整理整頓ができていないため、販促計画を立てる時の基準がない。次回までにこのセブンエレメンツモデルの要素ごとに、数値を入れて分析をしてもらうこととした。

3回目

前回の課題に対して、**商品ごとに1シートで、販路・販促別の売上帳票**ができていた。販路として、ウェブショップ・楽天、販促として新聞・カタログ・DMという分類である。顧客を新規と既存に分けて考えると、おおよそ新聞が新規、カタログ・DMが既存となる。よって、この分類（新聞とカタログ・DM）で再度集計し、パーセンテージを表すこととした。

4回目

分析の結果、新規顧客の囲い込みが十分できていないことが判明し、「新規顧客に対して再購入を図るためにどのようなアプローチを行うか」という命題をつくった。そして、全体で話し合い、再購入を促すためのチラシを作成した。商品発送の際に、従来はカタログのみであったが、このチラシを同梱することとした。

このように、戦略のあるべき姿、つまり、新規顧客獲得↓囲い込みを明確にし、次にそれを数値計画にする。一人あたりの獲得費用、新規購入時の売上、チラシ・DM発送による買い上げ率と売上を分析し、それを次回のDM・販促につなげていくといったPDCサイクルを回すプロセスを実行した。

上記の事例では、プロジェクトリーダー以下メンバーは全く経営学の知識がない現場の従業員であった。しかし、セブンエレメンツモデルの各要素、自社の強み、競合、顧客、商品、価格、販路、販促という言葉は普段から使っているものであり、またチャートが視覚的に商流を表していることから、非常にわかりやすいとのことであった。

また、管理会計上のデータ、つまり、商品別売上、販路別売上、顧客別売上などのデータを保有していたにもかかわらず、その活用方法がわからなかった。それがセブンエレメンツモデルに基づいて、商品別、販路別、顧客別に整理整頓することができた。

◆事例4　セブンエレメンツ業務改善と人材育成で成果があがる

この事例は、売上減という問題に対して、その原因究明と営業戦略を立案し、成果を得たものである。使用したフレームワークは、業務フロー分析である。

D社は、電気工事器具の販売業者で、従業員数は約20名である。営業戦略を課題とするプロジェクトを立ち上げて、売上の向上を図った。プロジェクトメンバーは4名で、社長、ベテランの営業マン2名、ベテランの事務担当女性である。今まで、このような戦略分析等の経験は全くないメンバーである。

まず、問題点の抽出を行い、それを分析した。将来に不安を感じており、その原因が、①受注が減ってきており売上が減少している、という営業戦略に関わること、次の原因が、②人材育成で、新人が入ってきているがうまく育成ができない、という組織戦略に関わることであった。

これらを踏まえて、次に当社の強みを書き出し、それをセブンエレメンツモデルで分析した。まず、強みとして、歴史がある、長い取引で信頼関係がある、社員の仲が良い、正直な人が多い、ということがあげられた。「商品」では、扱い商品が多い、である。「販路」では、営業による販売を行っており、フットワークが軽い、顧客の難しい質問に反応が早い、早くから遅くまで対応できる、である。「顧客」では、昔からの大口顧客に支えられている。業種では、電気工事業者が8割で、後の2割は電器屋、工場関連、建材店等である。取引先は、約100社であるが、2対8の法則通り、上位20社が8割以上を占めている。

次に競合分析を行った。「競合」にあげられるのは、同業者、ホームセンター、ウェブショップ業者である。これら競合に対して、商品、価格、販路、販促の要素で、優劣を分析した。その結果、商品の品揃えと営業のフットワークが、競合に対して優位性があった。これをまとめると、「顧客にとって、欲しいものをすぐに持ってきてくれる便利さ」が当社のウリとなる。つまり、競合に対する優位的ポジションである。

この段階で、プロジェクトメンバーは、当社の戦略の優位性の共有ができた。

戦略分析つまり、内部環境分析、外部環境分析、競合分析を行い、競争優位なポジションの確認ができたことになる。プロジェクトメンバーは、経営学を学習した経験はないにもかかわらず、以上プロセスについて、全く抵抗なく作業を行い、戦略分析を理解した。

競合に対する優位性があるにもかかわらず売上が減少傾向にあることについての分析のため、**業務フロー分析**を行った。

受注の方法であるが、ほとんどが電話での受注となる。これは、電気工事業者から直接電話があり、品名が伝えられる。この時、電話を受けた者は、品名に関わる確認事項の質問、在庫の有無などをする必要がある。この電話応対が、ベテランの営業マンのみ可能で、新人や他の事務に係る女子社員にできないことがボトルネックになっていることが判明した。しかしこれは一方で、電気工事業者からすれば、簡単な電話で、欲しいものをすぐに理解し、持ってきてくれるという当社の最大の強みになっていることが、前述の分析で明らかになっている。このように、強みと弱み・問題点はコインの裏表になっていることが多いと考える。

つまり、当社の戦略優位性「顧客にとって、欲しいものをすぐに持ってきてくれる便利さ」が、電話注文ですぐに必要なものを理解してくれて、すぐに持ってきてくれる、ということに支えられていることが共通認識となった。この段階で、スタッフの認識が変わった。つまり、現場の作業者から品名だけを告げられ、すぐに持ってきてほしいという厄介な注文が、実は、当社の強みであることが理解できたのである。

その大切なプロセスが可能なのは、ベテランの営業マンだけで、その人に仕事が集中することが問題の本質であることが判明した。繰り返しになるが、セブンエレメンツモデルによる戦略分析で競争優位性が理解できたから、このような認識が生まれたのである。

これらを踏まえたうえで、対策を議論した。電話対応を新人や女子社員ができるようになれば、ベテラン営業マンは有力顧客への先行受注営業ができ、売上増を図ることができる、という共通認識ができた。その方法として、在庫表をもっとわかりやすく、マニュアル化することとした。現行の在庫表は、品名や品番が羅列されているだけで、非常に見にくいものとなっていた。それを大分類、中部類と分類分けをする。次に品名に備考をつけて、簡単な用途、受注の際の注意点を書いておく。そうすることで、受注の電話での応対に使えるマニュアル化を図る、というものである。

このアイデアは、プロジェクトメンバーの女子社員から出たものである。普段から、問題意識があり、それがプロジェクトで戦略分析することにより、抽出された形となった。そして、この在庫表をベテランの営業と新人、女子社員が一緒に作成するプロジェクトをつくる。これは、一緒につくることで、より理解を深め、また使う過程で、よりブラッシュアップしていくことが期待できるからである。

◆事例5　マーケティングの課題解決

この事例は、アパレルメーカーが自社ブランドのマーケティング戦略にセブンエレメンツモデルを活用し、戦略分析と立案をしたものである。使用したフレームワークは、ポジショニングマップである。

E社はアパレルの製造卸を行っているメーカーで、従業員数は約30名であり、OEM生産が主事業となっている。約1年前からオリジナルブランドを立ち上げ、ウェブショップでの販売をスタートさせようとしているが、売上が思うように上がらず、マーケティングが課題となっている。

そこで、プロジェクトチームを結成し、マーケティングの課題に取り組むこととなった。チームのメンバーは、営業、サンプル制作、生産管理、デザイン企画の各部署から選出された。

1回目

まず、「戦略とは」という質問をした。その答えとして、「どう攻めるか」「商品を買ってもらうための仕組み」「戦い方、やり方、方法」「方向を決める」「作戦、進め方」という意見が上がった。次に、「それでは、E社の戦略は?」という質問をした。その答えとして、「中期の計画」「進む方向性を示すもの」「企画、サンプルづくり、生産という一貫してすべてできる」「幅広い商品群」「機能性、デザインの幅が広い」「それぞれの分野でプロがいる」「全国へ直接商談に行く」「国産、海外の生産拠点がある」「海外の大量生産、国内の小ロット生産ができる」「サンプル作成が早い」「クイック対応ができる」「サンプル担当の職人が優秀」という意見があがった。

これらからわかることは、「戦略とは」という質問に対して、メンバーがもっている答えが多岐にわたり、曖昧だということである。これはE社のメンバーに限ったことではなく、同じ質問をいろいろな会社で行っても、同じような傾向がある。戦略が計画、ビジョンや会社の強み等々の言葉と区別がついていない曖昧な認識であることがわかる。

次のステップとして、セブンエレメンツモデルの紹介を行った。戦略の構成要素を説明し、チャートをホワイトボードに書いた。このチャートを使い自社の戦略分析をしていくこととした。

2回目

セブンエレメンツモデルをホワイトボードに書き、その中身について、意見を聴きながら埋めていく作業を行った。

商品については、OEMとオリジナルブランドである。販路・販促はどちらも卸先への営業が主体となっている。顧客は、ビジネスマンである。自社の要素については、前述の戦略に対する質問であがった意見が入る。つまり、「企画、サンプルづくり、生産という一貫してすべてできる」「商品群が幅広い」「機能性、デザインの幅が広い」「それぞれの分野でプロがいる」「全国へ直接商談に行く」「国産、海外の生産拠点がある」「海外の大量生産、国内の小ロット生産ができる」「サンプル作成が早い」「クイック対応ができる」「サンプル担当の職人が優秀」などである。競合については、同地区の他の製造業者である。

この段階で、プロジェクトメンバーがセブンエレメンツモデルによって、戦略の構成要素と商流をイメージでき、当社の実態が把握でき共通認識ができた。最初、戦略というものに対して、漠然としたイメージであったものが、セブンエレメンツモデルにより、当社の戦略をイメージできたのである。

この分析から、筆者が指摘したことは、そもそも、この戦略は多角化に近いもの、つまり新商品を新販路で展開しようとするもので、リスクが高い。よって、既存商品で新販路、新商品で既存販路というよりリスクの少ない戦略も考慮すべきであるとした。

3回目

上記指摘から、より商品、販路について分析する必要があり、当社が取引のある会社とそれらの競合となる会社の分析を行った。具体的な作表として、取引先とその競合会社を左の列にあげ、その右の列から、ブランド名、ブランドコンセプト、商品の特長・デザイン・機能、価格、販路・販促、顧客の年齢・性別・主な購入場所を入れていく。これは、セブンエレメンツモデルの構成要素で競合分析を行うための作業である。これらデータから、**ポジショニングマ**

ップで分析することとした。

4回目

作成されたポジショニングマップを分析した。ポジショニングマップの軸の設定は、選択肢が多く、戦略の構成要素についてそれぞれ詳細に検討した。あげられた候補は、「商品」としてデザイン・価格・機能性・先進的・保守的・素材・ビジネス・カジュアル、「販路」として、百貨店・セレクトショップなどの購買場所、「顧客」として年齢・男女などである。

以上の要素について意見交換した。価格と年齢、購買場所は上のものはマップの上部に、下のものはマップの下部に表現してほぼ同じ方向性となる。デザインと機能は、特に男性向けの場合、機能性を追求することがデザインも洗練されるということで、機能とデザインは反対の軸ではなく同じ方向性となる。以上のことから、横軸に保守的・先進的とし、縦軸にビジネス・カジュアルとして、ポジショニングをした（図26参照）。

この軸でマップを作成し、それぞれのシリーズ商品をマッピングしていった。その結果判明したことは、現行シリーズがカジュアルについては、保守・先進とも多い。一方で、ビジネスは保守に偏っており、先進がほとんどない、ということである。

つまり、ビジネスの場合、デザイン、機能性、素材、色などで定番的な商品が多く、先進的

図26

ポジショニングマップ

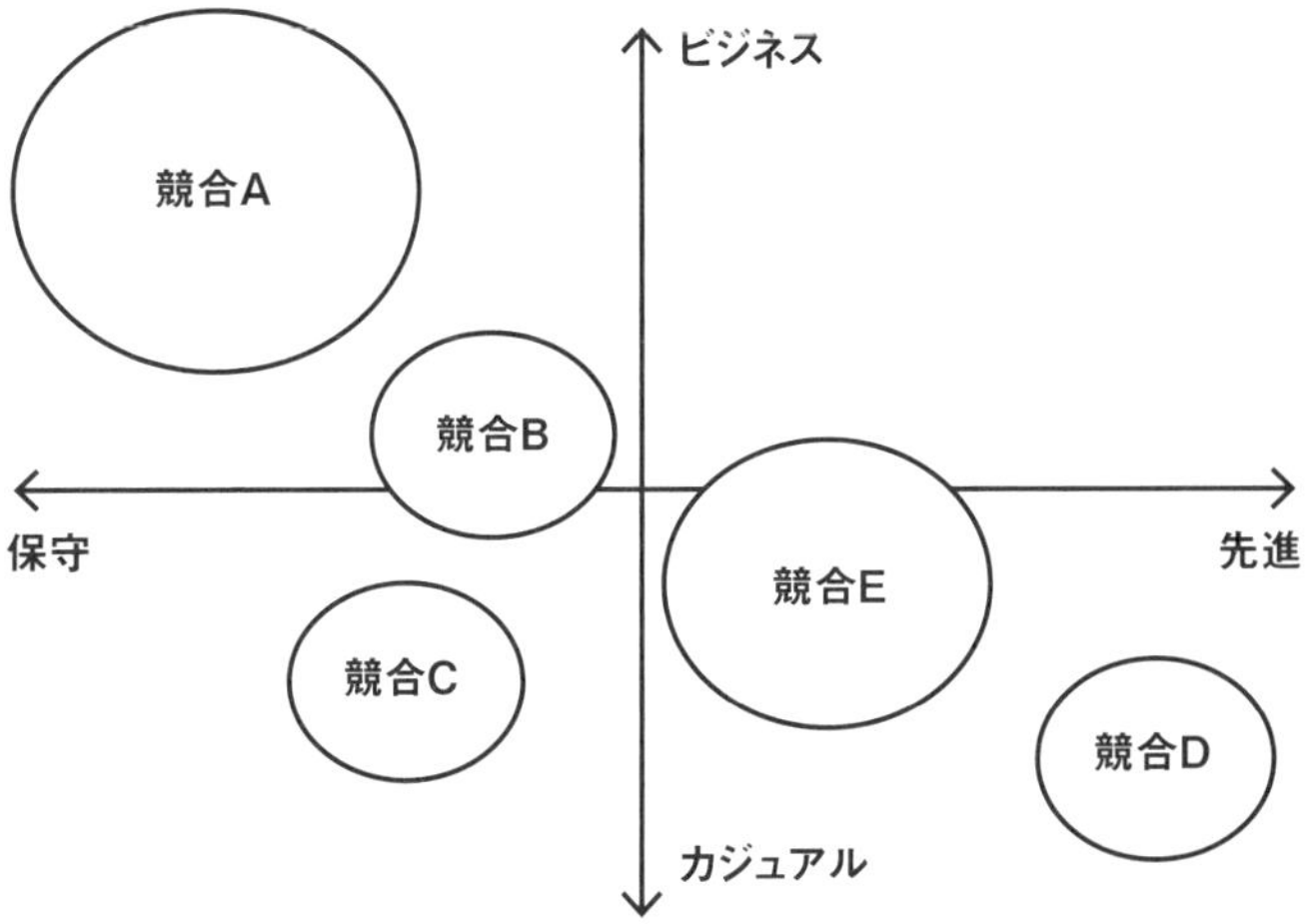

な商品はカジュアル向けに集中している、ということである。この議論をしているときに、営業から、「メーカーから、ビジネスで先進的な商品があればヒットするのではないかという声があった」という意見が聞かれた。以上のことから、商品開発、オリジナルブランドの商品コンセプトを〝先進的なビジネス〟という方向とすることとなった。

以上のプロセスを要約すると、セブンエレメンツモデルによって戦略＝商流イメージをプロジェクトメンバーに共通認識として持つ。次に、そのフレームワークを使い現行戦略を分析する。次に、現行戦略の問題点を抽出する、次に、代替戦略を立案する、というものである。

当初のプロジェクトメンバーの戦略に対する認識が漠然としたものであったにもかかわらず、セブンエレメンツモデルの提示によって、具体的にイメージでき、かつスピーディに新たな戦略立案ができたことは大きな成果であった。

以上5つの事例をみてきたが、いずれも戦略分析と立案が、簡単に素早くできたことを示している。過度な分析やデータにより、時間をかけて戦略を立案するのは時代遅れである。現場が主体となって、スピーディに戦略立案し、そして実行、検証のサイクルを回す。これが環境変化に対応できる経営、エマージェント経営である。

おわりに

内閣府の2020年度「まち・ひと・しごと創生基本方針」によると、「関係人口」の創出・拡大に言及している。

関係人口とは、企業や公的組織において、役員、正社員、非正規社員以外の外部人材のことで、いわゆる顧問、兼業副業、プロボノ人材などである。この関係人口を中小企業の人材不足解消、生産性向上、課題解決に活用したいとの考えである。

筆者が戦略マネージャーをしているプロフェッショナル人材戦略事業においても、兼業副業の拡充が大きな課題になっており、また、人材会社も顧問型人材マッチングサービスに加え、兼業副業のマッチングに積極的である。

この関係人材として期待されているのが、都市圏の**大企業の中高年、つまり、役職定年者、定年者**である。まさに、江戸時代の商家の外部人材活用である。

この数年の間に、顧問の需要は増加し、顧問型人材会社の登録者数も急激に増えている。しかし、**活躍している人は、顧問型人材バンク登録者全体の5％以下**であるといわれている。登録者の能力が低いというわけではない。ほとんどが大企業に勤務した経験を持つ高学歴で優秀な人材である。

それでは、活躍している人と活躍できない人の差は何か。この何かを知ることが顧問になるための必須条件であろう。

顧問型人材会社のコーディネーターに「活躍している人の条件は何ですか？」と尋ねると、キャリアに加えて「人間力です」というような答えが多い。顧問の条件が人間力として、では、活躍していない人は人間力が不足していることになるが、ではどうすればよいのか。人材会社が顧問候補者に求める人間力とはいかなるものか、を明確にしていく必要がある。

筆者は、経営者をしているときに「もっと経営の勉強をすれば経営がうまく運ぶ」と考え、コンサルタントとして独立して、中小企業診断士や経営管理修士（ＭＢＡ）の資格を取得して、経営に関する理論を学んだ。しかし、その学んだ戦略論や戦略フレームワークを、実際に自身の経営者の視点で見て活用しようとすると、有効性を感じられるものがなかった。

要するに、中小企業にとって、既存の経営学やフレームワークは、そのまま使って効果があるものではなく、また、コンサルタントや顧問として中小企業を支援する方法論が確立されていないことに気がついたのである。

そのため筆者は、経営の理論と自身の経営者としての実務経験との整合性を見つけ、中小企業にとって有効な戦略論や戦略フレームワークを見出すために、本書で、戦略とは何か、戦略は誰がいつどのようにつくるのか、戦略分析・立案の方法、理論と実践の関係、そして中小企業の支援方法、支援者の条件とは何かなどを考察してきた。

これらを考察していくなかで、中小企業を支援する外部人材に必要な経験、スキル、人間力を明らかにして示していくことも、本書の目的の1つであった。

脚　注

はじめに

1 「フォーリン・ポリシー」(2020.5.14)
2 OECD加盟国24か国が参加した国際成人力調査（PIAAC）日本版報告書において、「読解力、数的思考力、ITを活用した問題解決能力」で、日本人はすべての項目でダントツの1位。
3 Wikipedia（2020.6. 5）
4 Vogel,E（1979）P.26-42
5 Vogel,E（1979）P.29
6 Vogel,E（1979）P.47
7 Vogel,E（1979）P.38
8 岩田龍子（1978）p.111
9 米川伸一（1978）p.3
10 岩田龍子（1978）p.21
11 岩田龍子（1978）p.22
12 Vogel,E（1979）P.180

第1章　エマージェント経営のモデル「日本的経営」の組織論

1 間宏（1989）P.33
2 間宏（1989）P.34
3 間宏（1989）P.35
4 間宏（1989）P.42
5 宇田川勝・中村青志（1999）p.6
6 岩田龍子（1978）p.84
7 間宏（1989）P.45
8 宇田川勝・中村青志（1999）p.18
9 間宏（1989）P.73
10 間宏（1989）P.74
11 間宏（1989）P.83
12 間宏（1989）P.80
13 間宏（1989）P.81
14 間宏（1989）P.81
15 間宏（1989）P.109
16 間宏（1989）P.110
17 間宏（1989）P.116
18 間宏（1989）P.117
19 米川伸一（1978）p.144
20 間宏（1989）P.100
21 間宏（1989）P.122
22 宇田川勝・中村青志（1999）p.70
23 間宏（1989）P.124
24 間宏（1989）P.124
25 間宏（1989）P.125
26 間宏（1989）P.125
27 岩田龍子（1978）p.111
28 間宏（1980）p.276
29 間宏（1980）p.279
30 間宏（1980）p.281
31 間宏（1980）p.284
32 間宏（1980）p.285
33 間宏（1980）p.287
34 間宏（1980）p.288
35 間宏（1980）p.289
36 川喜田二郎（1968）p.174
37 帝国データバンク企業概要データベース「cosmos2」
38 明治末年までに創業した老舗から無作為に4000社を抽出。回答数814社、回答率20.4%
39 Gabor.A（1990）p.115
40 武田修三郎（2002）p.198
41 武田修三郎（2002）p.210
42 武田修三郎（2002）p.216
43 武田修三郎（2002）p.218
44 間宏（1989）P.125
45 間宏（1989）P.182
46 間宏（1989）P.187
47 間宏（1989）P.189
48 Mann.N.R.（1985）p.68
49 武田修三郎（2002）p.284
50 Mann.N.R.（1985）p.64
51 武田修三郎（2002）p.275
52 Mann.N.R.（1985）p.65
53 武田修三郎（2002）p.289
54 Vogel,E（1979）P.162
55 Vogel,E（1979）P.164
56 Vogel,E（1979）P.178
57 Vogel,E（1979）P.176

第2章　過去の戦略から学び、生かすエマージェント戦略論

1 Chandler,A.D.（1962）p.5
2 Mintzberg（1994）p.75
3 Mintzberg,H.（1994）によると、「学派」という表現を使い、Mintzberg,H.（1999）では「スクール」という表現を使っている。

ここでは「学派」を引用し、以下は「スクール」とする。
4 Mintzberg,H.（1994）p.47
5 Mintzberg,H.（1999）p.6
6 Mintzberg,H.（1999）p.24
7 Mintzberg,H.（1999）p.35
8 Mintzberg,H.（1999）p.48
9 Ansoff,H.I.（1965）p.6
10 Mintzberg,H.（1999）p.48
11 Mintzberg,H.（1999）p.80
12 Mintzberg,H.（1999）p.94
13 Ansoff,H.I.（1988）p.14
14 Ansoff,H.I.（1965）p.38
15 Mintzberg,H.（1999）p.190
16 Mintzberg,H.（1999）p.10
17 Mintzberg,H.（1999）p.212
18 Mintzberg,H.（1999）p.213
19 Mintzberg,H.（1999）p.212
20 Mintzberg,H.（1999）p.216
21 Mintzberg,H.（1999）p.193
22 Mintzberg,H.（1999）p.190
23 Mintzberg,H.（1999）p.205
24 Mintzberg,H.（1999）p.205
25 Mintzberg,H.（1999）p.207
26 Mintzberg,H.（1999）p.208
27 Mintzberg,H.（1999）p.210
28 Mintzberg,H.、（1999）P.13
29 Mintzberg,H.、（1999）P.13
30 Mintzberg,H.（1999）p.211
31 琴坂将広（2018）『経営戦略原論』p219
32 琴坂将広（2018）『経営戦略原論』p219-p228
33 Ansoff,H.I.（1965）p.135
34 Mintzberg,H.（1999）p.94
35 Kiechel,W.（2010）p.59-p78
36 Kiechel,W.（2010）p.63
37 Kiechel,W.（2010）p.64
38 Kiechel,W.（2010）p.64
39 Kiechel,W.（2010）p.67
40 Kiechel,W.（2010）p.77
41 Kiechel,W.（2010）p.77
42 Ghemawat.P（1985）p.77
43 Kiechel,W.（2010）p.78
44 Kiechel,W.（2010）p.93-p. 111
45 Kiechel,W.（2010）p.97
46 Kiechel,W.（2010）p.103
47 Kiechel,W.（2010）p.105
48 Kiechel,W.（2010）p.105
49 Kiechel,W.（2010）p.66
50 1950年セラー・キーフォーバー法「競争を減少または低下させる合併は違法である」
51 Kiechel,W.（2010）p.174-p.182
52 Kiechel,W.（2010）p.174
53 Kiechel,W.（2010）p.181
54 Kiechel,W.（2010）p.182
55 Kiechel,W.（2010）p.182
56 三谷宏治（2013）p.5
57 三谷宏治（2013）p.6
58 Kiechel,W.（2010）p.349
59 Mintzberg,H.（1999）p.41
60 Mintzberg,H.（1999）p.27
61 Ansoff,H.I.（1965）p.137
62 Mintzberg,H.（1999）p.96
63 Porter,M.E.（1982）p.18
64 Porter,M.E.（1982）p.61
65 Mintzberg,H.（1999）p.108
66 Ansoff,H.I.（1965）p.57
67 Jelinek,M.（1979）
68 野中郁次郎（2019）P.14-p.15
69 野中郁次郎（2019）P.15
70 porter,M.E.（1999）p.61
71 Kiechel,W.（2010）p.66
72 1950年セラー・キーフォーバー法「競争を減少または低下させる合併は違法である」
73 Porter,M.E.（1982）p.4
74 Porter,M.E.（1982）p.3
75 Porter,M.E.（1982）p.6
76 Porter,M.E.（1982）p.6
77 Ansoff,H.I.（1965）p.175
78 Ansoff,H.I.（1965）p.8

第3章　エマージェント経営の戦略フレームワーク「セブンエレメンツモデル」

1 Sarasvathy S.D.（2008）p20-21
2 Sarasvathy S.D.（2008）p11
3 Sarasvathy S.D.（2008）p18
4 Sarasvathy S.D.（2008）p50
5 Sarasvathy S.D.（2008）p96
6 Sarasvathy S.D.（2008）p96
7 Sarasvathy S.D.（2008）p177
8 Sarasvathy S.D.（2008）p306

9 三谷宏治（2013）p.340
10 Mintzberg,H.（1999）p.193
11 Ries,E.（2011）『THE LEAN STARTUP』（井口耕二訳（2012）『リーン・スタートアップ』日経BP社）
12 Ries,E.（2011）p.355
13 Ries,E.（2011）p.19
14 Ries,E.（2011）p.241
15 Ries,E.（2011）p.34
16 Ries,E.（2011）p.72
17 Ries,E.（2011）p.199
18 Ries,E.（2011）p.146
19 Ries,E.（2011）p.105
20 Ries,E.（2011）p.104
21 Ries,E.（2011）p.79
22 Ries,E.（2011）p.107
23 Ries,E.（2011）p.200
24 Ries,E.（2011）p.104
25 Ries,E.（2011）p.79
26 Ries,E.（2011）p.34
27 Kenichi Ohmae（1982）P.128
28 Kotler,P(1971)『Marketing Management』

第4章　エマージェントプロジェクトを始める前の「場」づくり ――セブンエレメンツモデルの実践法①

1 中小企業庁委託「中小企業・小規模企業者の人材確保と育成に関する調査」2014 野村総合研究所
2 中小企業庁委託「中小企業・小規模企業者の人材確保と育成に関する調査」2014 野村総合研究所
3 中小企業庁委託「中小企業・小規模企業者の人材確保と育成に関する調査」2014 野村総合研究所
4 中小企業白書（2020）
5『広辞苑』第5版
6 谷内篤博（2002）p.61
7 Liker,K.（2004）p.3
8 川喜田二郎（1968）p.174
9 川喜田二郎（1968）p.177
10 川喜田二郎（1968）p.178
11 川喜田二郎（1968）p.180
12 川喜田二郎（1968）p.180
13 川喜田二郎（1968）p.185
14 川喜田二郎（1968）p.190
15 川喜田二郎（1968）p.191
16 川喜田二郎（1968）p.174
17 川喜田二郎（1968）p.174
18 Knowles,M.（1980）p.341
19 川喜田二郎（1968）p.191
20 Mintzberg（1994）p.282
21 Knowles,M.（1980）p.57
22 Knowles,M.（1980）p.127
23 Knowles,M.（1980）p.139
24 川喜田二郎（1968）p.178
25 川喜田二郎（1968）p.180
26 Schön.D.（1983）p.3
27 Schön.D.（1983）p.17
28 川喜田二郎（1968）p.190
29 Knowles,M.（1970）p.1
30 Knowles,M.（1970）p.2
31 Knowles,M.（1970）p.33
32 Knowles,M.（1980）p.61
33 Knowles,M.（1980）p.43
34 Knowles,M.（1980）p.44
35 Knowles,M.（1980）p.47
36 Knowles,M.（1980）p.50
37 Knowles,M.（1980）p.339
38 Knowles,M.（1980）p.367
39 独立行政法人労働政策研究・研修機構（2017年8月31日）「人材育成と能力開発の現状と課題に関する調査」
40 Knowles,M.（1980）p.221
41 Kimsey-House.H（2011）p.10
42 Kimsey-House.H（2011）p.10
43 Kimsey-House.H（2011）p.13
44 Kimsey-House.H（2011）p.11
45 Kimsey-House.H（2011）p.10
46 Kimsey-House.H（2011）p.35
47 堀公俊（2004）p.21
48 堀公俊（2004）p.51
49 堀公俊（2004）p.88－122

第5章　エマージェントプロジェクトの手順 ――セブンエレメンツモデルの実践法②

1 Nelson.R and Winter .A An Evolutional Theory and Application
2 Mintzberg,H.（1999）p.200
3 Porter.M.E.（1998）「On Competition」（竹内弘高訳（1999）『競争戦略論』）

参考文献

- Abegglen,J. (1958)『The Japanese Factory』(占部都美訳『日本の経営』ダイヤモンド社)
- Abegglen,J. (2004)『21stCentury Japanese Management Japane』(山岡洋一訳『新・日本の経営』日本経済新聞社)
- Albert,M (2011)『Capitalism Vs Capitalism』(久水宏之訳『資本主義対資本主義』竹内書店新社)
- Andrews K R. (1971) The Concept of Corporate strategy (山田一郎訳 (1976)『経営戦略論』産業能率短期大学出版部
- Ansoff,H.I. (1965) Corporate Strategy (広田寿亮訳 (1985)『企業戦略論』産業能率短期大学出版部)
- Ansoff,H.I. (1988) The new Corporate Strategy (中村元一訳 (2015)『最新・戦略経営』) 産能大学出版部)
- Argyris,C. (1976)『Increasing Leadership Effective』
- Argyris,C. (1994) Good Communication that Blocks Learning (ハーバード・ビジネス・レビュー編集部訳 (2007)『組織能力の経営論』ダイヤモンド社)
- Averitt,R.T. (1968) The Dual Economy:the Dynamics of American Industry Structure, Library Cogress Catalog Card
- Barney,J(2002)『Gaining and Sustaining Competitive Advantage』(岡田正大訳(2003)『企業戦略論』ダイヤモンド社)
- Bossidy,L Charan,R Burck.C (2002) The Discipline of Getting Things Done (高遠裕子訳 (2003)『経営は実行　—明日から結果を出すための鉄則』日本経済新聞社)
- Boston Consulting Group Inc.The Strategy Alternative for the British Motorcycle Industry
- Chandler,A.D. (1962) Strategy and Structure (有賀裕子訳 (2004)『組織は戦略に従う』ダイヤモンド社)
- Cyert,R. and March,J. (1963)『A Behavioral Theory of The Firm』
- Deming,W. (1994)『The New Economics for Industry,Government,Education』(『デミング博士の新経営システム論』NTT出版)
- Vogel,E (1979)『JAPAN AS NUMBER ONE Lessons for America』(広中和歌子ほか訳 (1979)『ジャパン　アズ　ナンバーワン』TBSブリタニカ)
- Gabor.A (1990)『The Man Who Discovered Quality』(鈴木主税訳 (1994)『デミングで甦ったアメリカ企業』草思社)
- Harvard Business Review (2007) Henry Mintzberg on Management (ハーバード・ビジネスレビュー編集部 訳 (2007)『H.ミンツバーグ経営論』ダイヤモンド社)
- Hill,T and Westbrook,R (1997) SWOT analysis: It's time for a product recall (『SWOT分析：リコールをかけるときがやってきた！』)
- Hobson,J.A. (1909)『The Industrial System』(瀧澤菊太郎訳 (1967))
- Jelinek,M. (1979) Institutionalizing Innovation,New York:Praeger

- Kiechel,W. (2010) The Lords of Strategy (藤井清美訳 (2010)『経営戦略の巨人たち』)日本経済新聞社)
- Kimsey-House.H (2011)『CO-ACTIVE COACHING』(CTIジャパン訳『コーチング・バイブル』東洋経済新報社)
- Knowles,M. (2001) The Modern Practice of Adult Education From Pedagogy to Andragogy (堀薫夫・三輪建二監訳)『成人教育の現代的実践―ペダゴジーからアンドラゴジーへ―』鳳書房
- Knowles,M. (2005) (渡邊洋子監訳)『学習者と教育者のための自己主導型学習ガイド―ともに創る学習のすすめ―』明石書店
- Laura,R (2009) War in the boardroom: Why Left-Brain Management andRight-BrainMarketing doesn't see eye-to-eye and what to do about it (黒輪篤嗣訳 (2009)『マーケティング脳　VS　マネジメント脳　なぜ現場と経営層では話がかみ合わないのか？』翔泳社)
- Liker,K. (2004) (稲垣公夫ほか訳 (2004)『ザ・トヨタウェイ (上) (下)』日経BP社)
- Mann.N.R. (1985)『The Keys To Excellence』(中村定訳『デミングの品質管理哲学』ダイヤモンド社)
- Marshall,A. (1890)『Principle of Economics』(大塚金之助訳 (1928)『マーシャル経済学原理』改造社
- Mintzberg,H. (1994) The Rise and Fall of Strategic Planning (中村元一訳 (1997)『戦略計画　創造的破壊の時代』産能大学出版部)
- Mintzberg,H. (1998) Strategy Safari: A Guided Tour Through the Wilds of Strategic Management (斎藤嘉則、奥澤朋美、木村充、山口あけも訳 (1999)『戦略サファリ ‒ 戦略マネジメント・ガイドブック』東洋経済新報社)
- Pfeffer,J (2005) The Knowing-Doing Gap (長谷川喜一郎、菅田絢子訳 (2005)『実行力不全　‒なぜ知識を行動に活かせないのか』ランダムハウス講談社)
- Phelan,K (2013) I am sorry I broke your company (神崎朗子訳 (2014)『申し訳ない、御社をつぶしたのは私です。』大和書房)
- Nelson,R　and Winter An Evolutional Theory and Application (1977)
- Normann,R. (1977)『Management for Growth』
- Pascale,R.T (1981)『The Art of Japanese Management:Applications for American Executive』(深田祐介訳 (1983)『ジャパニーズ・マネジメント』講談社)
- Porter,M.E. (1997) What is Strategy Harvard Business Review
- Porter,M.E. (1980) Competitive Strategy (土岐坤、中辻萬治、服部照夫訳 (1982)『競争の戦略』) ダイヤモンド社)
- Porter,M.E. (1985) Competitive Advantage (土岐坤、中辻萬治、小野寺武夫訳 (1985)『競争優位の戦略』ダイヤモンド社)
- Porter,M.E. (1998)「On Competition」(竹内弘高訳 (1999)『競争戦略論』ダイヤモンド社)
- Ries,E. (2011)『THE LEAN STARTUP』(井口耕二訳 (2012)『リーン・スタートアップ』日経BP社)

- Robinson,E.A.G.（1931）『The Structure of Competitive Industry』（黒松巌訳（1958）『産業構造の基礎理論』有斐閣）
- Sarasvathy S.D..（2008）『Effectuation』『エフェクチュエーション』中央経済社
- Schon,D.（1983）『Organization Learning』
- Senge,P.（2011）『学習する組織』英治出版
- Senge,P.（1990）The Fifth Discipline,1990（守部信之（1995）『最強組織の法則』徳間書店）
- Schön,D A（2007）The Reflective Practitoner: How Profwssional Think Action（柳沢昌一・三輪建二訳（2007）『省察的実践とは何か―プロフェッショナルの行為と思考』鳳書房）
- Steindl,J.（1947）Small and Big Business - Economic Problem of the Sizeof Firms, Basil Blackwell Oxford（米田清貴・加藤誠一訳（1956）『小企業と大企業』巌松堂出版）
- Sylos-Labini,P.（1962）Oligopoly and Technical Progress, Harvard University Press（安部一成訳（1964）『寡占と技術進歩』東洋経済新報社）
- Taylor,F.W.（2006）The Principle of Scientific Management（有賀裕子訳（2009）『科学的管理法』ダイヤモンド社）
- Vatter,H.G.（1955）Small Enterprise and Oligopoly, Oregon State University Press.
- 浅沼萬里（1984）「自動車産業における部品取引の構造―調整と革新的適応のメカニズム」『季刊 現代経済』第58号
- 有田辰男（1990）『戦後日本の中小企業政策』日本評論社
- 有澤廣巳（1937）『日本工業統制論』有斐閣
- 伊丹敬之・加護野忠男（2003）『ゼミナール　経営学入門』日本経済新聞社
- 稲田勝幸（2003）知識創造論と科学的管理法(1)」『修道商学』第43巻
- 稲田勝幸（2009）『「学習する組織」とトヨタウエイ』
- 井上善海（2009）『中小企業の戦略』同友館
- 岩田龍子（1977）『日本的経営の編成原理』文眞堂
- 岩田龍子（1978）『現代日本の経営風土』日本経済新聞社
- 植田浩史（2004）『現代日本の中小企業』岩波書店
- 宇田川勝・中村青志（1999）『日本経営史』有斐閣
- 大野耐一（1978）『トヨタ生産方式』ダイヤモンド社
- 小川英次（2009）『現代経営論』中央経済社
- 加護野忠男（1998）『企業のパラダイム変革』講談社
- 梶原一明（2002）『トヨタウェイ』ビジネス社
- 金井壽宏（1999）『経営組織』日本経済新聞社
- （株）OJTソリューションズ（2014）「トヨタの問題解決」中経出版
- 亀井芳郎（2017）「星稜台論集第50巻第1号」
- 亀井芳郎（2017）「星稜台論集第50巻第2号」
- 川喜田二郎ほか（1968）『生きがいの組織論』日本経営出版会
- 北原勇（1957）「資本の集積・集中と分裂・分散」『三田学会雑誌』第50巻第7号
- 清成忠男（1984）『経済活力の源泉―日米欧ベンチャー比較』東洋経済新報社

- 清成忠男（1997）『中小企業読本〔第3版〕』東洋経済新報社
- 清成忠男（2009）『日本中小企業政策史』有斐閣
- 清成忠男・中村秀一郎・平尾光司（1984）『ベンチャー・ビジネス』日本経済新聞社
- 倉重英樹（2003）「『学習する組織』のプラットフォーム設計」『ダイヤモンド・ハーバード・ビジネス・レビュー』3月号
- 経営品質協議会　(2010)『経営品質向上プログラム　アセスメントガイドブック』生産性出版
- 琴坂将広（2018）『経営戦略原論』東洋経済新報社
- 小林義雄・市川弘勝（1958）「序説」小林義雄編『企業系列の実態』東洋経済新報社
- 小宮山琢二（1941）『日本中小工業研究』中央公論社
- 佐々木直（2014）『社是・経営理念論』中央経済社
- 佐竹隆幸（2000）「中小企業論の現代的意義」上田達三監修『中小企業論の新展開』八千代出版
- 佐竹隆幸（2008）『中小企業存立論』ミネルヴァ書房
- 佐藤芳雄（1976）『寡占体制と中小企業』有斐閣
- 篠原三代平（1964）『経済成長の構造』国元書房
- 末松玄六（1943）『最適工業経営論』同文館
- 末松玄六（1972）『中小企業の経営戦略』丸善
- 鈴木辰治（1996）『企業倫理・文化と経営政策』文眞堂
- 千石保（1974）『日本人の人間観―欧米人との違いをさぐる』日本経済新聞社
- 髙田亮爾（2003）『現代中小企業の経済分析―理論と構造―』ミネルヴァ書房
- 髙田亮爾（2010）「中小企業の歴史と課題」流通科学大学論集―流通・経営編―第23巻第2号
- 武田　修三郎（2002）『デミングの組織論』東洋経済新報社
- 谷内篤博（2002）「企業内教育の現状と今後の展望」文京学院大学『経営論集』第12巻
- 寺岡寛（1997）『日本の中小企業政策』有斐閣
- 寺岡寛（2000）『中小企業政策の日本的構図』有斐閣
- 寺本義也　岡本正耿　原田保　水尾順一（2003）『経営品質の理論』生産性出版
- 土居健郎（1971）『甘えの構造』弘文堂
- 堂目卓生（2008）『アダム・スミス』中公新書
- 十川廣国（2002）『新戦略経営・変わるミドルの役割』文眞堂
- 土岐坤訳（1981）『経営戦略の核心』ダイヤモンド社
- 中田哲雄編著（2013）『通商産業政策史12』経済産業研究所
- 中村香（2009）『学習する組織とは何か－ピーター・センゲの学習論』鳳書房
- 中村秀一郎（1961）『日本の中小企業問題』合同出版社
- 中村秀一郎（1964）『中堅企業論』東洋経済新報社
- 中村秀一郎（1985）『挑戦する中小企業』岩波書店
- 中村秀一郎（1992）『21世紀型中小企業』岩波書店
- 中村精（1983）『中小企業と大企業―日本の産業発展と準垂直的統合』東洋経済新報

社
- 西田耕三（1982）『日本社会と日本的経営』文眞堂
- 日本経営品質賞委員会（2010）『2010年度版　日本経営品質賞　アセスメント基準書』生産性出版
- 野中郁次郎（1974）『組織と市場』千倉書房
- 野中郁次郎（1990）『知識創造の経営』日本経済新聞社
- 野中郁次郎（監修）東京電力技術開発研究所ヒューマンファクターグループ編（2009）『組織は人なり』ナカニシヤ出版
- 野中郁次郎・紺野　登（2003）『知識創造の方法論』東洋経済新報社
- 野中郁次郎・紺野　登（2004）『知識経営のすすめ』ちくま新書
- 野中郁次郎・徳岡晃一郎（2009）『世界の知で創る』東洋経済新報社
- 野中郁次郎（2009）「Wedge Vol.31 No.8」ウエッジ
- 間宏（1971）『日本的経営―集団主義の功罪』日本経済新聞社
- 間宏（1989）『日本的経営の系譜』文眞堂
- 藤井光男　丸山恵也（1991）『現代日本経営史』ミネルヴァ書房
- 藤田敬三（1954）「日本中小工業と下請制の本質」藤田敬三・伊東岱吉編『中小業の本質』有斐閣
- 藤田敬三（1957）「日本産業における企業系列」『経営研究』第29号
- 藤田敬三（1965）『日本産業構造と中小企業』岩波書店
- 堀公俊（2004）『ファシリテーション入門』日本経済新聞出版社
- 藤田敬三編（1943）『下請制工業』有斐閣
- 前川洋一郎ほか（2011）『老舗学の教科書』同友館
- 三谷宏治（2013）『経営戦略全史』ディスカヴァー・トゥエンティワン
- 水谷雅一（1995）『経営倫理学の実践と課題』白桃書房
- 水町浩之（2007）『医療経営品質』生産性出版
- 三井逸友（1991）『現代経済と中小企業』青木書店
- 山中篤太郎（1948）『中小工業の本質と展開』有斐閣
- 山本眞功（2001）『家訓集』平凡社
- 由井常彦（2007）『都鄙問答』日経ビジネス人文庫
- 米川伸一（1978）『ヨーロッパ・アメリカ・日本の経営風土』有斐閣
- 若松義人・近藤哲夫（2001）『トヨタ式人づくりモノづくり―異業種他業種への導入と展開』ダイヤモンド社
- 渡辺幸男・小川正博・黒瀬直宏・向山雅夫（2001）『21世紀中小企業論』有斐閣

著者略歴

亀井芳郎（かめい・よしろう）

経営学博士・MBA（兵庫県立大学大学院）・中小企業診断士。内閣府プロフェッショナル人材事業兵庫県戦略マネージャー・中小企業基盤整備機構中小企業支援アドバイザー。1976年同志社大学卒業後、服飾品の輸入商社・三喜商事で海外ブランドの展開を通して、ブランド開発に取り組み、営業部部長を経て、経営企画室長などを歴任。1999年オンリー入社、The@SuperSuitsStoreを立ち上げ、2002年同社社長を引き継ぐ。2005年大阪証券取引所ヘラクレス上場。2006年社長を退任し、コンサルタントとして独立。

亀井芳郎から大切なお知らせ

本書を購入された方向けに、本書をさらに有効活用していただくために亀井がセブンエレメンツモデルを創造した想いや実践事例を解説した動画を無料プレゼントしています。

こちらのHPからどなたでもお申し込みいただけます。ぜひご活用ください。

https://peraichi.com/landing_pages/view/7elements-m

中小企業を救うエマージェント経営戦略 セブンエレメンツモデル

2020年12月1日　第1刷発行

著　者　　亀井 芳郎

発行者　　唐津 隆

発行所　　株式会社ビジネス社

〒162-0805　東京都新宿区矢来町114番地 神楽坂高橋ビル5階

電話　03(5227)1602　FAX　03(5227)1603

http://www.business-sha.co.jp

印刷・製本　大日本印刷株式会社

〈プロデュース〉山本時嗣

〈編集協力〉船井かおり

〈カバーデザイン〉大谷昌稔

〈本文組版〉茂呂田剛（エムアンドケイ）

〈営業担当〉山口健志

〈編集担当〉本田明子

ISBN978-4-8284-2239-8